O HOMEM E O UNIVERSO

Conheça suas origens,
sua constituição e seu poder.

Dados Internacionais de Catalogação na Publicação (CIP)
(Câmara Brasileira do Livro, SP, Brasil)

Piza, Zélia de Toledo
O Homem e o Universo: Fundamentos da Teosofia: conheça suas origens, sua constituição e seu poder / Zélia de Toledo Piza - 1ª ed. - São Paulo: Meca, 1999.

Bibliografia.
1. Auto-realização 2. Cosmogonia 3. Deus (Teosofia)
4. Homem - Origem 6. Teosofia I. Título.

99-1245 CDD-299.934

Índice para catálogo sistemático:
1. Teosofia: Religião 299.934

editora meca ltda.
Rua Araújo, 81
01220-020 – São Paulo – SP
Fones: (011) 259-9034 – 259-9049
Fax: (011) 257-0312

Zélia de Toledo Piza

O HOMEM E O UNIVERSO

FUNDAMENTOS DA TEOSOFIA

Conheça suas origens,
sua constituição e seu poder.

1ª Edição

meca

DIREÇÃO EDITORIAL
- Cosmo Juvela

SUPERVISÃO
- Marcos Juvela

ILUSTRAÇÕES
- Jader de Almeida (Expressão Exata)

CAPA
- Jimmy de Almeida (Expressão Exata)

COMPOSIÇÃO - DIAGRAMAÇÃO
PLANEJAMENTO GRÁFICO
- Expressão Exata comunicação

REVISÃO
- Luiz Roberto Malta

FOTOLITO
- Binho's Fotolitos (*Filmes da capa*)

IMPRESSÃO
- BOOK RJ GRÁFICA E EDITORA

AGRADECIMENTOS

Agradeço aos grandes Mestres que nos deixaram o registro das Verdades Universais, através das quais pude elaborar o meu conceito sobre Teosofia.

Agradeço a meu filho Roberto que, além do estímulo que me transmitiu ao longo de todos estes anos de planejamento e execução dos textos, paciente e incansavelmente, trabalhou na digitação no computador, estruturação e formatação final do livro.

Agradeço a meu filho Marcos pelas valiosas sugestões que me deu.

PREFÁCIO

Considero um grande privilegio apresentar este livro da professora Zélia de Toledo Piza, o qual ilumina o conhecimento iniciático.

Já tive a grande honra de prefaciar o seu primeiro livro, *Equilíbrio Pessoal*, o qual nos coloca a par das mais modernas técnicas psicológicas para o crescimento pessoal.

No presente livro, tal como mãe zelosa que dá as mãos a seus filhos no momento de fazerem uma travessia perigosa, a autora conduz o leitor, com a sua didática impecável e com admirável simplicidade, através dos intrincados caminhos que conduzem o ser humano neste labirinto, repleto de armadilhas, até a sua fonte primitiva, até a Divindade.

Como psicóloga e pedagoga a Professora Zélia participou de vários movimentos culturais.

Conhecendo-a de longa data e mesmo tendo participado com ela na orientação de pais dos alunos da escola "O Reino da Criança", tive oportunidade de notar que Zélia é uma instrutora que se diferencia pelo seu grande conhecimento na área do Esoterismo.

Além de ter sido psicanalizada, feito cursos de Análise Transacional, Bioenergética, Neurolingüística, Auto-Hipnose, a professora Zélia apresenta o grande dote de preparar os seus discípulos, não apenas para uma vida terrena feliz, produtiva e muito bem-estruturada, ela ainda prepara-os para seguirem a senda que conduz à eternidade.

Desde a publicação do livro, *O Tao da Física* de Fritjof Capra, "best seller" mundial, que a ciência vem comparando e reconhecendo que a antiga Sabedoria dos grandes sábios Orientais se antecipou e está de pleno acordo com os conhecimentos da física mais moderna. Mesmo antes disto, a Física Quântica, a Relatividade Restrita e a Geral, bem como a mais atualizada Física Holotrópica e a Física das Energias Escalares, todas se aproximam bastante dos conceitos da constituição do Universo defendidos pelos antigos sábios.

Várias correntes se formaram a favor da espiritualidade, inclusive a chamada "Quarta Força da Psicologia", a "Psicologia Transpessoal" – aquela que vai além do tempo e do espaço.

E nesta encruzilhada em que nos encontramos, nesta transição de Eras, nada mais oportuno que um livro sintético e pleno de sabedoria para iluminar a nossa estrada.

A trajetória humana é palmilhada de pedregulhos, mas, como a autora nos mostra, cada pedra no caminho serve como alavanca para nos lançar para a frente e para o alto.

Como um peixe deslizando facilmente pela água, a Professora Zélia nos conduz com suavidade, levando em consideração a Filosofia, a Psicologia, a Física e o Esoterismo. A autora nos põe em contato com seres excepcionais como Helena P. Blavatsky, Annie Besant, Leadbeater e tantos outros que andaram pela mesma estrada, inclusive Einstein, o Pai da Física moderna.

A extrema capacidade de tornar assuntos extraordinariamente complexos em dados simples e facilmente assimiláveis se constituem numa notável característica da autora.

Em nome de todos que tiverem a felicidade de aprender com este interessantíssimo livro, agradeço a amiga Zélia que, ao invés de guardar só para si conhecimentos tão profundos, espalha-os para que todos aqueles que souberem absorvê-lo tenham maiores possibilidades de crescimento e, quem sabe, com o decorrer do tempo, consigam a desejada fusão com o Absoluto.

Dr. Geraldo de Paula Barros
médico psiquiátrico.

- Fundador e Ex-Presidente da Associação Mineira de Hipnose Médica e Odontológica;
- Vice-Presidente do I Congresso Panamericano de Hipnologia (Rio de Janeiro – Brasil);
- Vice-Presidente do I Congresso Brasileiro de Hipnologia (Rio de Janeiro – Brasil);
- Membro Titular do I Congresso Argentino de Sofrologia (Buenos Aires – Argentina);
- Membro Titular do I Congresso Mundial de Sofrologia (Barcelona – Espanha);
- Representante do Brasil no II Congresso Internacional de Psiquiatria em Zurique (Suíça);
- Clinical Member of International Transactional Analysis Association;
- Provisional Teacher of International Transactional Analysis Association;
- Ex-Assistente de Psiquiatria da Faculdade de Medicina da Universidade Federal de Mina Gerais;
- Ex-Professor de Neuro-Fisiologia e Neuro-Anatomia da Faculdade de Ciências Bio-Psíquicas de São Paulo;
- Ex-Professor de Hipnose Médica na Faculdade de Medicina da Universidade Federal de Minas Gerais;
- Ex-Professor de Hipnose e Análise Transacional na Faculdade de Medicina da USP (São Paulo) ;
- Ex-Professor de Hipnose Médica e Odontológica na Associação e no Sindicato dos Odontólogos de São Paulo;
- Professor de Engenharia de Comunicação (São Paulo);
- Presidente em duas gestões, do Instituto Brasileiro de Análise Transacional;
- Responsável direto pela formação didática de vários psiquiatras e psicólogos em São Paulo;
- Atualmente, dirige Clínica de Psiquiatria, Neurolingüística, Análise Transacional, Hipnose e Bioenergética em São Paulo.

OBJETIVOS

Minha busca de conhecimentos sobre o Universo e sobre o ser humano vem de longa data. Dentre as teorias com as quais tive contato, a que me parece mais sólida, mais objetiva e mais real é a apresentada pela Teosofia. Foi a que mais satisfez minha ânsia de saber e a que mais amplamente abriu meus horizontes para que pudesse penetrar, pelo menos em parte, dentro do extraordinário mistério que é Criação.

É a razão pela qual compilei esta seqüência de aulas de Teosofia simplificada, todas fundamentadas na palavra de grandes Mestres tanto do Ocultismo quanto da Ciência.

Através dessas aulas, procuro apresentar a formação do Universo e a situação do ser humano dentro desse contexto. Ao situar-se e, ao conhecer sua estrutura e possibilidades, o homem consegue encontrar o caminho para sua auto-realização.

O difícil é saber por onde começar, uma vez que o assunto se constitui de uma totalidade global e certas afirmativas dependem de embasamentos que não podem ser apresentados ao mesmo tempo. Farei sempre referência a outros capítulos onde o assunto é tratado com mais detalhe.

É preciso refletir sobre cada parte e ir juntando as pedrinhas para poder, finalmente, compor um conjunto mais amplo, perfeita e harmoniosamente interligado.

ÍNDICE

CAPÍTULO I

A FONTE DO CONHECIMENTO HUMANO COMO SURGIU A TEOSOFIA

No seu processo evolutivo, o homem deverá, cada vez mais, desenvolver um estado mental aberto às investigações, com três qualidades fundamentais:

1 - Disposição para estudar as várias religiões, várias mitologias, as várias filosofias que existiram desde os primórdios do pensamento humano, bem como os elementos da ciência que estão surgindo nestes últimos séculos, mesmo porque, os últimos capítulos da ciência começam se acoplando às proposições ocultistas. Einstein, por exemplo, afirmava que o todo está contido nas partes e as partes no todo. As mais recentes descobertas a respeito das partículas subatômicas declaram que nada pode ser estudado isoladamente. Existe uma correlação entre os eventos da Natureza. Com esta atitude, o homem, automaticamente, deixa de se apegar a um dogma, a uma faceta da verdade e jamais se tornará fanático. Pelo contrário, manterá o mental sempre aberto para receber novas informações, novos conceitos, que deverão ser analisados e computados.

2 - Capacidade para comparar todas as afirmativas dessas religiões, filosofias e mitologias, buscando nelas o que existe de comum, de essencial. Acaba percebendo que há uma raiz única e que as religiões e as filosofias se apresentam com vestimentas diferentes pela influência da época e pela interpretação dos homens. Daí o respeito que se deve ter para com todas as formas de pensar existentes. Ao mesmo tempo, deveremos procurar comparar as Leis Universais, as que regem o Universo e que serão apresentadas no capítulo III, com as que vão sendo descobertas pela ciência e relacioná-las.

3 - Preocupação constante de ir elaborando sínteses coerentes, que nunca serão definitivas porque nosso conhecimento ainda é parcial. Todos os dados do conhecimento humano são apenas facetas da verdade e fazem parte de um conjunto que vai se aproximando,

cada vez mais, da Unidade Primordial que deu origem a todas as coisas existentes.

Com estas três qualidades, o indivíduo adquire a qualidade fundamental – a de ser livre-pensador.

O grande suporte para o desenvolvimento desta forma de interpretar o mundo e o Universo, está na tradição mais primitiva existente sobre a face da terra, conhecida como Sabedoria Iniciática das Idades. Sabedoria que não diz respeito a um acúmulo de conhecimento acadêmico, cultural, mas à busca da origem de todas as coisas, à busca daquele Princípio Primordial.

Os movimentos filosóficos, religiosos ou espiritualistas, não surgem repentinamente do nada mas, de uma forma ou de outra, apóiam-se nessa tradição milenar.

Esses ensinamentos da Sabedoria Iniciática das Idades estão registrados nos livros da filosofia oriental[1] – do Tibete, Índia, China, Egito, Ásia Menor e trazem todo um contexto de verdades sobre a origem do Universo, a origem do homem etc.

Uma das comprovações da imensa sabedoria contida nesses conhecimentos antigos são as pirâmides do Egito, particularmente a de Quéops. Os sábios que têm estudado os registros dessa pirâmide afirmam que o conhecimento matemático e astrológico dos antigos era superior ao nosso e que, contando com todo o equipamento eletrônico de hoje e tantas descobertas que vêm se sucedendo através dos milênios, o cientista tem dificuldade para chegar aos resultados que estão tranqüilamente registrados lá. Além disso, entre outras curiosidades, a pirâmide contém certos canais que, conforme o movimento da Terra, apontam para determinadas estrelas e isso tem intrigado os astrólogos.

Conforme o tempo foi passando, o homem foi se distanciando dessas verdades primordiais. Para reavivar esses ensinamentos da Sabedoria Iniciática das Idades, de tempos em tempos surgem Seres, que são expressões da própria Divindade e que trazem chaves para

[1] Livros da filosofia oriental – Vide adendo na página 137.

que o homem possa compreender a linguagem desses ensinamentos antigos, uma vez que são escritos de forma simbólica. Com essa finalidade temos, por exemplo, entre outros, Krishna, Lao-Tsé, Buda e, mais recentemente, Jesus, o Cristo. Todos apontam para um trabalho dentro de nós através da transformação interior e um trabalho dentro do mundo para organização das civilizações.

Platão (428-348) procurou fazer uma síntese de todas essas revelações e deu a ela o nome de Teosofia, que significa *Theos* – Deus e *Sophia* – sabedoria, portanto, Sabedoria de Deus. Uma exposição dessa Teosofia foi feita por Helena Petrovna Blavatsky – H.P.B. – em seus livros *Doutrina Secreta* e *Ísis sem Véu*.

A Teosofia apresenta as Leis Universais. Um dos seus capítulos versa sobre a Cosmogênese, que mostra de forma coerente a formação do Universo. Outro capítulo trata da Antropogênese, que mostra a formação do homem e apresenta os elos que faltam para a ciência descobrir.

Um dos grandes objetivos da Teosofia é o de relacionar tudo quanto existe no Universo, pois cada aspecto é uma parcela do Todo. Mas, segundo a própria Teosofia, só conseguiremos perceber essa globalidade através do despertamento das forças latentes no próprio homem.

A Teosofia abrange todos os ramos do conhecimento humano, e podemos dizer, com toda a segurança, que ela deu origem a todos eles – filosofia, ciência, religião e arte. Como?

Procurando explicar essas revelações milenares, foram surgindo as várias escolas de filosofia. A filosofia foi o primeiro ramo que se desprendeu da antiga Teosofia.

A filosofia estuda as causas que desencadearam os fenômenos, entra pelos campos da metafísica, mas já começa fazendo isso dentro de uma sistematização que caminha para o terreno da lógica. Antigamente, o filósofo entendia de tudo – eram filósofos, médicos, físicos, químicos, biólogos, sociólogos, economistas, entendiam de arte e religião. Hoje, a filosofia se restringe à lógica, ética, estética, metafísica, epistemologia ou teoria do conhecimento, quando o estuda em todos os seus aspectos fundamentais – origem, métodos e estruturas.

Até pouco antes da Era Cristã, os filósofos, tais como Anaxágoras[2] (500 a.C.), Zenão[2a] (± 490 a.C.), Aristóteles[2b] (384 a.C.), Plotino[2c] (205 d.C.), os antigos gnósticos[2d], ainda continuavam com o mesmo objetivo de estudar Deus, de penetrar os mistérios do Universo, mas já empregando nitidamente processos dedutivos.

Não conseguindo desvendar a parte transcendente do Universo e do homem, que aliás nunca será desvendada pelo mental racional que é dual, dialético, como veremos no capítulo VI, o homem começou a voltar sua atenção para os aspectos que podem ser analisados, investigados, começou observando os fenômenos da natureza, aquilo que é objetivo. Desde este momento, a filosofia recebeu outro nome – o de ciência, que é aquele ramo do conhecimento que exige comprovação objetiva. Lança mão da hipótese, realiza experiências, procede a uma generalização e elabora uma lei ou uma teoria alicerçada em estatísticas.

Por sua vez, aqueles que se puseram a representar e a decantar o belo e a harmonia, criaram as artes.

Aqueles que passaram a adorar os seres que pregavam as verdades, aqueles que absorveram o lado místico dos ensinamentos através dos tempos, que se firmaram no lado emocional, criaram as religiões.

Desta maneira, a filosofia, a ciência, a arte e a religião tiveram sua origem na mesma fonte, ou seja, na Teosofia.

Por esta razão, o bom teósofo é sempre alguém que tudo ouve, tudo analisa, tudo investiga, mas só conclui após meditação profunda e experiência pessoal.

A principal característica da Teosofia é a de fornecer ao estudioso elementos que possibilitem o desenvolvimento de suas faculdades internas, de modo a capacitá-lo a perceber as Causas Primeiras do Universo, pela sua identificação com o Cosmos, ou seja, com a Mente

2, 2a, 2b, 2c, 2d – Vide biografias nas páginas 137, 138 e 139.

Cósmica, que delineou o plano arquetipal da criação e que, normalmente, é conhecido pelo nome de Deus.

Segundo a Teosofia, Deus não é uma entidade fora de nós, que olha à distância e julga os acontecimentos, castigando e premiando. Deus faz parte do Universo, por assim dizer, é o Universo, se expressa através do Universo e está dentro de cada um de nós, constituindo nossa Consciência Superior, conforme veremos no próximo capítulo. O objetivo da vida e da evolução seria justamente o de despertar esse Deus interno.

O conhecimento, portanto, é *Um*, porque a fonte do conhecimento é *Uma*, e essa fonte está em tudo, inclusive dentro de nós mesmos.

A tradição judaica, na qual se apoiaram os cristãos, contém, na íntegra, essa concepção do Deus interno. Os gnósticos, que tiveram seu apogeu até o segundo século de nossa era, pregavam a idéia da imanência de Deus, pois o Universo, para eles, surgira através da emanação de Deus, por degraus de enfraquecimento.

Os primeiros cristãos, que surgiram de entre os gnósticos, os primeiros padres da Igreja, aceitavam o Deus imanente, a reencarnação e outros princípios aceitos pelos gnósticos, princípios que foram sendo retirados com o correr dos tempos, pelos vários concílios. Orígines[3], por exemplo, pregava a preexistência da alma, portanto, a reencarnação e a não eternidade das penas.

A escola Patrística, que vai até Sto. Agostinho (354-430 d.C.), tinha esse mesmo conceito de Deus e das Leis Universais. No livro *Confissões*, de autoria de Sto. Agostinho, está registrado: "De ti emanamos Senhor e para ti voltaremos, razão pela qual nosso coração ficará inquieto até que em ti repouse".

[3]. Orígines – teólogo e exegeta cristão. Em 203 d.C. tomou a direção da escola catequética de Alexandria. Em 230 d.C. tornou-se padre. Unia cristianismo e platonismo. Condenado por heresia no Concílio de Constantinopla em 553 d.C.

Outros vultos importantes do gnosticismo:

Basilides – Um dos mais famosos, viveu em Alexandria por volta de 125 d.C. Aceitava que de Deus procediam emanações que vieram a construir 365 céus. A primeira emanação de Deus, o *Nous*, encarna em Jesus.

Valentim ou Valentino – (cerca de 150 d.C.) De origem egípcia, instala-se em Alexandria e prega a doutrina panteísta, doutrina que identifica Deus com o Universo.

Santa Catarina de Gênova (1447-1510), que dedicou sua vida ao cuidado dos enfermos, deixou a seguinte afirmativa: "Meu Deus é o meu EU e não reconheço outro EU que não seja o próprio Deus".

O apóstolo S. Paulo expressa a mesma idéia em:

I Coríntios 3:16 – "Não sabeis vós que sois o templo de Deus e que o Espírito de Deus habita em vós?"

I Coríntios 6:19 – "Não sabeis que o vosso corpo é o templo do Espírito Santo que habita em vós?"

II Coríntios 6:16 – "E que consenso tem o templo de Deus com os ídolos? Porque vós sois o templo do Deus vivente."

Qual seria, então, a finalidade da vida sobre a face da Terra?

Possibilitar ao homem organizar a sua vida interior de acordo com as Leis Universais, de tal maneira que ele atinja o valor de sua consciência e alcance o valor e o equilíbrio da própria divindade. Este é o verdadeiro sentido da palavra religião, que vem do latim – *religare* – e significa religar, A religião, a verdadeira religião, deverá religar o ser humano consciente à sua Consciência Superior.

Penetrando o sentido profundo das Leis Universais, praticando a meditação e determinados exercícios propostos pela Yoga, o indivíduo irá se sintonizando com as energias superiores e irá, progressivamente, se reintegrando no Todo.

A Yoga é um dos seis sistemas de filosofia hindu, codificado por Patanjali; envolve disciplina pelo domínio do corpo, da mente, da emoção para que se consiga o despertamento do espírito. Abrange os aspectos: *Hatha* que leva ao equilíbrio das energias; *Jnana* que leva ao conhecimento e desenvolvimento do mental; *Bhakti*, doutrina do coração, que leva ao equilíbrio psíquico; *Carma* que leva à ação justa. O caminho é a concentração e a interiorização, sendo que este assunto será melhor ventilado no capítulo XVI.

É interessante que a Teosofia e as religiões têm o mesmo objetivo – desvendar Deus. Só que seguem caminhos opostos. As religiões emprestam uma forma a Deus e passam a adorá-lo. A Teosofia dá elementos para que o homem encontre Deus dentro de si. O estudioso, através do esforço da auto-realização, irá forjando sua alma ao longo desta vida, e de outras vidas que venha a ter, porque a Teosofia aceita a reencarnação, até conseguir identificar-se com a Mente Cósmica Universal, a *Fonte* de tudo quanto existe.

Para direcionar a sua vida, o homem precisa começar por conhecer-se, daí o fato de apresentarmos, no próximo capítulo, o conceito teosófico sobre a constituição do ser humano.

CAPÍTULO II

CONSTITUIÇÃO DO SER HUMANO

Com base no estudo da Cosmogênese, capítulo da Teosofia que trata das origens do Universo e que será desenvolvido no capítulo XI, constata-se que existe uma fase em que o Universo vai se densificando e vão se preparando as possibilidades para o aparecimento do homem, que é o objetivo da Criação.

Ao longo dessa fase, através de etapas cíclicas, chamadas no seu conjunto fase da vida energia, vão se organizando os veículos do ser humano, do mais sutil para o mais denso – o corpo mental, o corpo emocional, o corpo vital e o corpo físico. Através desses corpos, atua a Consciência Superior que, na concepção teosófica, é de natureza Divina, é uma partícula da Divindade.

Pensadores confirmam esta idéia:

Thomas Carlyle (1795-1881), historiador e crítico inglês, deixou registrado o seguinte: "A essência de nosso ser, o mistério em nós que se chama Eu, é um hálito do Céu; o Altíssimo se revela a si mesmo no homem. Este corpo, estas faculdades, esta vida nossa, nada mais são do que uma veste para o Inominado. Existe apenas um templo no Universo e esse é o corpo do homem".

Em síntese, a função de cada corpo seria:

• O físico é suporte para as atividades no plano físico.

• O vital é o corpo energético, por onde circulam energias cósmicas e que são responsáveis pela vida física.

• O emocional é o corpo através do qual o homem sente, recebe estímulos e efetua percepções.

• O mental, através do qual o homem pensa, interpreta, raciocina e, em seus níveis mais elevados, intui e *conhece*. O sistema nervoso estabelece ligação entre o físico, a parte da qual temos consciência, e os corpos mais sutis, sendo que o cérebro é apenas ponte.

• Estes corpos são encimados pela Consciência Superior que tem as possibilidades do Eterno.

Portanto, o homem traz Deus dentro de si.

Nós só temos percepção consciente do corpo físico e do mundo físico que nos cerca, porque nossa Consciência está focada dentro desta delimitação do Universo e nossos sentidos só são impressionados pela matéria que está dentro de uma determinada gama de densidade, dentro de um determinado limite de freqüência vibratória.

A medicina conhece bem o físico, mas o homem não é tão perfeitamente conhecido nos aspectos fisiológico, psicológico e patológico. A fisiologia, por exemplo, ainda não desvendou a verdadeira função das glândulas e dos hormônios e, muito menos, explica o mistério das batidas cardíacas e do pulsar dos pulmões. Mesmo dentro da psicologia, que é o capítulo que procura analisar a parte mais subjetiva, as conclusões da maioria dos estudiosos ainda são tiradas através das reações neurológicas e comportamentais, por aquilo que pode ser constatado. Várias linhas da psicologia, todavia, começam penetrando o aspecto transcendental do homem. Os adeptos desta forma de pensar ainda são a minoria porque o transcendente é muito difícil, senão impossível de se enquadrar dentro das exigências da ciência, uma vez que não pode ser demonstrado, não pode ser explicado de forma racional, lógica. A constatação desses fenômenos subjetivos exige uma condição interna que vai surgindo conforme o homem evolui, conforme o homem vai entrando em contato com dados sobre a sua própria constituição e vai percebendo a sua posição dentro do Universo. Por enquanto, nós só lidamos com fatos que são regidos pelas leis que vão sendo descobertas pela ciência, se bem que as origens dessas leis ainda permaneçam uma grande incógnita.

A ciência médica, com todo o seu inegável avanço, não consegue explicar a origem da vida. O homem, ao morrer, é um conjunto de células, mas o que falta para que viva?

A ciência ainda não respondeu àquela pergunta feita por Aristóteles: "Como é que a alma se liga ao corpo?". Os participantes de um simpósio realizado nos Estados Unidos, estando presentes neurologistas, fisiólogos, teólogos, terminaram seus trabalhos ainda perplexos sem encontrar a maneira pela qual as faculdades abstratas do homem se ligam ao corpo físico, e a ciência jamais responderá a esta indagação, a menos que aceite a constituição Teosófica do homem, segundo a qual cada corpo tem uma função específica.

A ciência só aceita aquilo que é constatável pelos sentidos. Acontece que, dentro desta era tecnológica, nós mesmos que estamos vivendo neste século, pudemos acompanhar a imensa extensão de nossos próprios sentidos. Passamos, através de aparelhos, a perceber realidades universais, hoje cientificamente comprovadas, mas que, se fossem afirmadas ao tempo em que contávamos apenas com a percepção de nossos sentidos, pareceriam colocações alucinantes ou, no mínimo, místicas, metafísicas.

As descobertas atômicas comprovam que este mundo não é exatamente como o vemos. A matéria, por exemplo, é descontínua, e constituída por campos eletromagnéticos; no entanto, nós a vemos compacta, devido à velocidade das partículas que a constituem.

A Teosofia afirma que os outros corpos – o vital, o emocional, e o mental – situam-se em planos mais sutis. Assim como o mundo físico é constituído por matéria em vários estados de densidade, resultantes do fato de as moléculas se agregarem de forma diferente, não se fugiria ao pensamento científico colocando a hipótese de que existem outros estados da matéria ainda não perceptíveis aos sentidos do homem, mesmo ampliados pela tecnologia.

A ciência não tem mais dúvida da existência de uma forma de matéria que não a dos estados conhecidos. Com a desintegração do átomo, com os raios laser, a ciência tem se deparado com partículas que não se comportam de acordo com as leis já conhecidas.

Já podemos dizer que a ciência identifica quatro estados da matéria – sólido, líquido, gasoso e etérico, também denominado eletromagnético.

Christiaan Huygens (1629 – 1695), físico, matemático e astrônomo holandês, ao seu tempo, já afirmava: "Como a luz atravessa o vácuo, a única saída é admitir-se a existência de uma substância hipotética, o éter, um meio transparente que permeia todo o Universo".

O estado etérico vem sendo considerado e mencionado com outros nomes, desde milênios. Os cabalistas já concebiam uma essência divina, de natureza etérica, transparente, que permearia e animaria tudo quanto existe, à qual davam o nome genérico de *Anima Mundi*. Essa mesma concepção aparece no budismo com o nome de Alaya. Para o ocidental, todavia, ele só começou a ser considerado no século passado, na época das invenções radioelétricas. No momento em que, através de dois pontos completamente separados, sem qualquer ligação visível, se conseguiu estabelecer uma comunicação, não houve alternativa senão admitir a existência de algum elemento condutor presente no espaço. Caso contrário, o processo estaria fora da lógica. A esse agente deu-se o nome de éter, nome que já fora empregado no Ocidente pelos alquimistas medievais.

Mais recentemente, entre outros, citaram essa Substância fundamental do Universo:

Paracelso (1493-1526), médico suíço-alemão, grande sábio, afirmou: "O microcosmo inteiro está contido, potencialmente, no *Liquor Vitae*".

B. W. Richardson (1879 – 1959): "Eu emprego a palavra éter em seu sentido genérico para me referir a uma matéria muito leve, vaporosa ou gasosa; eu a emprego com o mesmo sentido empregado pelos astrônomos quando falam do éter do Espaço, referindo-se a um meio material apesar de sutil"

Na *Doutrina Secreta,* Vol. II p. 210, H.P.B. cita Stallo: "As exigências da teoria atômico-mecânica levaram conceituados matemáticos e físicos a tentarem uma substituição relativa ao conceito atômico da matéria para formas peculiares de movimentação em vórtices dentro de um meio material universal, homogêneo, não compressível e contínuo, ou seja, sem interrupção – o éter."

Na p. 250, H.P.B. diz o seguinte: "Há dois elementos no Universo; um é a matéria perceptível, que pode ser medida, outro é o éter que em tudo penetra. Carece de cor, peso, forma e substância; é tão sutil que só a palavra éter pode expressá-la; enche o espaço."

Vamos repassar rapidamente nosso conhecimento de física relativo às densidades da matéria.

Desde Demócrito, 400 anos antes de Cristo, que o homem pensa haver chegado ao limite mínimo da matéria, à menor partícula, não fragmentável, tanto assim que ela recebeu o nome de átomo. O radical grego ***tom*** significa cortar; o prefixo ***a*** exprime negação; portanto, átomo expressa a idéia de indivisível.

Descartes, em 1625, portanto 300 anos antes da descoberta dos elétrons, deduziu que, além dos átomos, deveria existir uma partícula muito menor.

Ernest Rutherford (1871-1937), lorde inglês, grande físico, em 1911, apresentou um modelo de átomo análogo ao sistema solar, com os elétrons girando em torno do próton.

Quanto maior a carga do elétron, motivada pelo aumento da velocidade orbitária, mais ele tende a afastar-se do núcleo. Quando esse afastamento chega a um limite, que põe em perigo a manutenção do sistema, surge novo elétron com capacidade de gerar a carga necessária para manter a ligação com o núcleo. Da mesma forma, quando o próton não consegue equilibrar a carga dos elétrons, surge outro próton.

Ao passo que o átomo foi progredindo em termos de conter cargas energéticas maiores, mais altas, e as trajetórias orbitárias conseqüentemente foram se tornando mais velozes, os estados da matéria começaram se diferenciando. Quanto maior a velocidade orbitária, maior a força energética gerada, o que vai provocando maior inércia das moléculas.

Diante das fantásticas descobertas dentro do campo da física em geral e, em particular, da física nuclear, que passou a perceber partículas e comportamentos da matéria que não se ajustam às leis conhecidas, que não se ajustam aos conhecimentos já sedimentados, entrando em um mundo totalmente novo, só resta concordar com a Teosofia quando afirma existirem estados da matéria ainda mais sutis que o etérico, não perceptíveis aos nossos sentidos atuais. Estados nos quais os agrupamentos energéticos que constituem a matéria, se comportariam de modo tal que escapam à percepção desta nossa estrutura física.

Hoje em dia, a ciência já cogita a respeito do corpo vital, inclusive começa a haver grande interesse relativamente às experiências do casal russo Kirlian – Semyon e Valentina – técnicos em eletrônica e que conseguiram fotografar as radiações que emanam desse corpo.[4] Conseguiram fotos tiradas através da incidência de um campo elétrico de alta freqüência – 75 mil a 200 mil ciclos por segundo – sobre o objeto a ser fotografado. Esse fenômeno ainda continua em estudo mas tudo indica, conforme conclusão dos próprios cientistas, que esteja relacionado à energia da vida, à aura vital dos ocultistas, porque a mesma folha, por exemplo, fotografada no primeiro dia após ser desligada da árvore, apresenta um grande brilho que vai declinando, esmaecendo, conforme a folha vai morrendo.

Já temos também um capítulo que vai se firmando, o da Bioenergética, da Biopsicoenergética,[5] liderado por Lívio Vinardi e que vem procurando fazer um estudo analógico entre aquilo que é do domínio da ciência e aquilo que vem sendo detectado por via extra-sensorial, relativamente aos processos energéticos que se verificam no corpo físico e em volta dele. A Bioenergética afirma que o trânsito das mensagens pelo sistema nervoso é de natureza elétrica – com 0,1 volt – o que forma um campo eletromagnético que é o corpo vital; detectado por Semyon Kirlian. Em termos de densidade, seria o quarto estado da matéria.

---

[4] Efeito Kirlian – Vide adendos na página 139.

[5] Biopsicoenergética – Vide adendos na página 140.

A Acupuntura, medicina oriental hoje reconhecida e oficializada pela medicina ocidental, manipula essas energias do corpo vital com o fim de conseguir o equilíbrio do organismo físico e vem conseguindo resultados extremamente satisfatórios. Em 1953, Mikhail Kuzmich Gackin, cirurgião de Leningrado (hoje, Petersburgo), justapôs fotos Kirlian aos pontos de acupuntura e confirmou que coincidem perfeitamente.

A Homeopatia, quando se refere às dinamizações do remédio, também está lidando com essas energias que circulam em nosso corpo através dos chamados meridianos, que correspondem a um sistema de circulação de energia, comparável ao sistema circulatório sangüíneo.

Para manutenção de sua integridade os vários corpos retiram matéria-prima dos planos cósmicos correspondentes.

No próximo capítulo vamos ver as possibilidades do homem dentro do universo.

CAPÍTULO III

LEIS UNIVERSAIS

Uma das máximas de Hermés, o Trismegisto, figura que, como vimos, surge nos primórdios do pensamento egípcio, diz o seguinte: "Tudo aquilo que está em cima é como tudo aquilo que está embaixo".

Penetrando o sentido profundo deste princípio hermético, verifica-se que o que ele quer dizer é que as Leis que regem o Universo, ou seja, o Macrocosmo, são as mesmas que regem o Microcosmo, ou seja, o ser humano.

Estabelece-se então um movimento reversível – se conhecermos as Leis que regem o Universo, conseqüentemente desvendaremos a constituição humana; se penetrarmos as Leis que regem a constituição do homem, desvendaremos o Universo.

Vamos citar apenas algumas das Leis Universais que se refletem no homem. Daremos apenas uma idéia dessa relação entre o Macrocosmo e o Microcosmo, porque um aprofundamento maior exigiria um estudo mais detalhado da Cosmogênese, que é o estudo das origens do Universo.

Começamos, logo de início, apresentando as Leis Universais porque elas se constituem na base da estrutura de tudo quanto existe:

1º – Lei de Causa e Efeito ou Lei do Carma;

2º – Lei da Reencarnação ou Lei dos Ciclos;

3º – Lei da Polaridade;

4º – Lei da Evolução;

5º – Lei do Livre-Arbítrio e outras mais...

Vejamos a *Lei de Causa e Efeito*, ou seja, a *Lei do Carma*. Carma é a relação entre a Causa e o Efeito, é a Lei que regula o efeito após ser lançada a causa.

A Lei do Carma poderia ser definida: a toda ação, palavra ou pensamento corresponde uma reação ou retribuição de igual potencial. Quer dizer que tudo é conseqüência de algo anterior, de um impulso anterior. Todas as leis descobertas pela ciência são resultantes de um Carma, ou seja, de uma causa que resultou num efeito. Digamos, a lei da gravidade. O fato de um corpo cair quando largado no espaço é efeito. As leis que regem esse efeito são o Carma.

Uma das grandes mensagens do Esoterismo, que decorre da Lei do Carma, é a de que o destino do homem não é uma fatalidade irreversível. Cada um pode planejar o seu futuro, bem como atenuar e até modificar os acontecimentos presentes, dependendo de uma atitude interna.

Aquele que pratica atos justos perante a Lei Universal, ou injustos perante ela, está trabalhando para si mesmo, uma vez que está construindo o seu próprio Carma, ou destino. Daí a sabedoria do refrão popular: Quem semeia ventos, colhe tempestades.

Entre outros, assim pensavam:

— Lev (Leão) Tolstoi (1828 – 1910), escritor e reformador religioso russo – "Como teria sido interessante escrever a história das experiências que, nesta vida, tem um homem que se matou em uma vida anterior – como ele agora se defronta com as mesmas exigências que lhe eram feitas antes, até compreender que deve atender a essas exigências. Os atos da vida anterior imprimem direção à vida presente".

— Platão (428 – 348 a.C.), filósofo grego – "Ó tu, moço ou jovem que te julgas abandonado dos deuses, saiba que, se te tornares pior, irás ter com as piores almas, ou, se melhor, juntar-te-ás às melhores almas e, em toda sucessão de vida e morte, farás e sofrerás o que um igual pode merecidamente sofrer nas mãos de iguais. É esta a justiça dos céus".

Tudo quanto existe no Universo é efeito de causas lançadas pelo Supremo Arquiteto, previstas no plano arquetipal. Assim, a razão do grande equilíbrio celeste, dos corpos que se movem no espaço, é por estarem regidos por leis precisas e exatas, que a Teosofia chama de Carma.

Nós, como seres humanos, somos hoje a resultante de causas que geramos anteriormente e estamos, neste momento de nossa vivência, através de pensamentos, palavras e atos, lançando causas que repercutirão nesta vida ou numa próxima vida, uma vez que a Teosofia aceita a reencarnação.

A *Reencarnação* é outra Lei Universal, é a *Lei dos Ciclos*. Os processos se desenvolvem através de ciclos. Tudo nasce, cresce, alcança um determinado apogeu, depois declina e se extingue; mas os ciclos se repetem sempre em novas condições, tal como acontece com o dia. com as civilizações etc.

Assim, também a vida do homem é cíclica. O homem nasce, cresce, alcança um apogeu, depois declina e morre. Mas as mortes do Universo são aparentes. Haja vista o fruto que, após morrer, renasce produzindo novos frutos.

Qual seria, então, a necessidade das várias vidas?

O homem, no estágio evolutivo atual, reage normalmente ou preponderantemente, impulsionado pela emoção. Em virtude disso, o mecanismo de seu funcionamento é a busca do prazer e ele tem grande dificuldade para acionar a vontade porque nem sempre aquilo que é certo é o que mais satisfaz a emoção.

Em razão dessa preponderância emocional, o homem, no seu comportamento, tende a repetir os circuitos que provocam sensação agradável. Como conseqüência, acabam se instalando determinados esquemas psíquicos baseados no circuito – ação que produz sensação agradável, sensação agradável que leva à repetição do ato. É o mecanismo do condicionamento, dos hábitos, dos vícios.

Se o homem fosse deixado indefinidamente dentro das mesmas circunstâncias, esses hábitos iriam se firmando ao máximo e, em virtude de reações movidas pelo prazer, esses hábitos iriam cada vez mais se distanciando da Lei. É por esta razão que há necessidade da

Lei dos Ciclos que interrompe a vida e rompe o circuito dessas tendências, possibilitando uma nova experiência em novo ambiente e com novo veículo emocional e novo veículo mental. Para se desvincular por completo dos esquemas fixados no passado, é que o homem se esquece das vidas anteriores.

Através das reencarnações, vai tendo novas oportunidades para organizar a sua vida interior o que, na verdade, é a finalidade da vida sobre a face da Terra.

Se essa é a finalidade, então, de que é composta a vida interior do homem?

O homem é ternário – corpo, alma e espírito. Nossa vida interior se processa dentro dos elementos que constituem a alma.

A psicologia aponta como componentes da alma, como elementos que possibilitam ao ser humano enfrentar os impactos do meio ambiente, os fatores volitivos, sensitivos e cognitivos. Na *Doutrina Secreta*, vol. I, p. 111, H.P.B. confirma isso: "'Mente ou intelecto' é o nome que se dá à soma dos Estados de Consciência compreendidos por: Pensamento, Vontade e Sentimento".

Este assunto será bem mais desenvolvido em capítulos posteriores.

Uma lei importantíssima para se compreender a estruturação da natureza humana é a *Lei da Polaridade*. A Teosofia afirma que o Universo provém de uma Unidade, daquele princípio Incognoscível, que só poderá ser compreendido quando o ser humano alcançar a sua perfeita realização. Pois bem, este princípio, no estado de Unidade, no estado de equilíbrio perfeito, não poderia dar surgimento ao Universo. Para criar aquilo que é manifestado, que é objetivo, a Unidade precisou polarizar-se, dando surgimento a dois elementos dialéticos que, num jogo de atração e repulsão, possibilitaram a estruturação da matéria.

A Lei da Polaridade se reflete em tudo – cada princípio da Natureza traz em si, implícito, o seu oposto – o dia prevê a noite, o frio se contrapõe ao calor, a vida à morte.

Como todas as leis Universais, esta se reflete na constituição do homem. Os fatores da alma – vontade, mente, emoção – são polares, exatamente como reflexo dessa polarização cósmica.

Olhando para dentro de nós mesmos, é fácil verificar que nossa vontade atua em vários níveis. E, inclusive, que está intimamente ligada à emoção. Temos vontade forte para atos que produzem sensações agradáveis imediatas e temos vontade débil para o que *deve* ser feito mas que trará benefícios somente a longo prazo.

Quanto à polaridade da mente, basta dizer que, para ela funcionar, precisa jogar com dois fatores. Necessita dos recursos da análise, da comparação, do jogo dialético. A característica fundamental da mente racional é a dúvida. Estamos sempre diante de duas possibilidades, diante de um dilema, de um conflito – faço, não faço – devo, não devo... Aliás, este estado de dúvida, apesar de provocar sofrimento, é necessário para que o homem possa exercer o **Livre-Arbítrio**, possa ter autonomia para proceder a uma escolha e tomar uma decisão. Veremos este assunto com maior detalhe no capítulo VI.

Quanto à polaridade da emoção, percebemos que ora temos impulsos altruísticos e outras vezes egoísticos, personalistas. O capítulo VII esclarece melhor este assunto.

Somente através de um processo de autoconhecimento, o homem poderá perceber as leis que regem todo esse jogo polar e adquirir a capacidade de manipular esse jogo, direcionando-o para um perfeito equilíbrio e autodomínio. Através do controle do jogo interno, o homem caminha dentro da **Evolução** que é outra Lei Universal. Tudo evolui no Universo, tudo é dinâmico, se modifica, se transforma, mantendo-se dentro dos objetivos contidos no plano arquetipal.

Essa necessidade de evoluir se traduz no homem por um estado de ansiedade e de insatisfação. O homem percebe que sua natureza é incompleta e, lá nas profundezas de seu ser, surge um impulso para a busca de um valor imponderável que venha lhe dar a sensação de plenitude.

Considerando a existência humana, é fácil concluir que não seria justo restringir o homem a apenas uma vida, uma vez que, dentro da mesma geração, vemos tantas disparidades sociais, econômicas, mentais, físicas etc. Nossa vida atual não seria compreendida em função de uma vida única; as diferenças não teriam explicação em termos de justiça a menos que se acredite que cada um está enfrentando esta vida de acordo com as causas que lançou no passado, mas terá não só a oportunidade desta vida para aperfeiçoar-se, como também inúmeras outras oportunidades.

Em cada vida ele vai galgando novos níveis de evolução.

Evolução real implica alcançar um equilíbrio simultâneo nos três fatores da alma. A evolução do homem vem se processando de forma unilateral, pois nota-se grande distanciamento entre o desenvolvimento mental e o desenvolvimento do campo emocional. O homem, apesar de suas grandes proezas de natureza mental, ainda é egocêntrico, ainda é movido à ação em busca de seus interesses.

Ao fazer escolhas que se aproximem da Lei Universal, e, portanto, da Harmonia Universal, o homem ascende na sua evolução e vai encontrando a paz, que é o termômetro do progresso. Ao fazer escolhas que o distanciem da Lei Universal, o homem regride em termos de evolução e é fustigado pela dor e pelo sofrimento.

Esta imposição para o autoconhecimento vem desde Sócrates que, lá pelo ano 440 a.C. fez gravar no frontispício do templo de Delfos, que abrigava um colégio iniciático, o célebre dístico: "Homem, conhece-te a ti mesmo". Ao conhecer-se a si mesmo, o homem acaba necessariamente por conhecer o Universo, uma vez que as leis são as mesmas. Assim como o cientista vai descobrindo leis através da análise dos fenômenos, dentro do laboratório, assim também nós devemos, progressivamente, ir descobrindo as Leis da Vida, dentro do laboratório de nossa própria natureza.

Existem hoje, dentro da psicologia, técnicas eficientes, capazes de levar o homem a desvendar o mecanismo do seu emocional e do seu mental.[6]

Nós estamos, no estágio da evolução atual, atuando no plano do mental racional. Acontece que cada atributo alcançado pelo homem tem um limite de abrangência dentro da gama de potencialidades do Universo. A visão só percebe uma faixa dentro da gama de vibrações da luz. A audição só percebe uma faixa dentro da gama de vibrações do som. O mental abrange somente uma faixa do potencial da mente cósmica. Conforme vai equilibrando sua natureza interna, o homem vai alcançando potencialidades mais refinadas, vai entrando na faixa do mental abstrato, da intuição e caminha em direção à Consciência Absoluta.

Este progredir da vida interna tem sido pressentido pelos filósofos e cientistas. Por exemplo:

Francis Bacon (1561-1626), Inglês, filósofo, criador do método experimental e indutivo: "De modo misterioso, a mente humana tem uma qualidade que nos faz acordar para a verdade que está fora da mente, com uma resposta sutil que vem lá das suas profundezas. Verdade que vem a ser comprovada depois".

William James (1842-1910), psicólogo e filósofo norte-americano: "Nossa consciência normal do estado de vigília – a consciência racional, como a denominamos – constitui apenas um tipo especial de consciência, ao passo que, ao seu redor, e dela afastada por uma película extremamente tênue, encontram-se formas potenciais de consciência inteiramente diversas".

A vida é, verdadeiramente, um processo científico regido por leis – polaridade, causa e efeito, ajustamento interno, livre-arbítrio, evolução etc.

[6] O livro *Equilíbrio Pessoal*, da mesma autora, apresenta um caminho seguro, dentro da Psicologia, para o autoconhecimento e a auto-realização.

A observância das Leis Universais leva o homem a alcançar equilíbrio em sua vida orgânica, energética, emocional e mental e, como conseqüência, abrirá as portas para o contato com suas possibilidades transcendentes.

Dominando as leis que regem sua própria vida, o homem vai cada vez mais nivelando sua forma de agir e reagir às exigências da Lei, ou seja, vai justapondo o Microcosmo ao Macrocosmo, sendo que este é o objetivo máximo da vida terrena.

Enquanto o homem estiver imerso dentro do grande desequilíbrio que presenciamos hoje, ele estará se debatendo na dor e no sofrimento. A Lei não coage, mas impulsiona pela dor, única linguagem capaz de levar o indivíduo a descobrir o verdadeiro caminho da evolução. O sofrimento é a grande ferramenta de que a Lei lança mão para impelir o homem a encontrar o caminho do equilíbrio. Procurando sair do estado de mal-estar interior, o homem vai, de forma inconsciente, descobrindo as leis que regem a vida e começa caminhando dentro de sua evolução.

A diferença entre pertencer ou não a um movimento de auto-realização, a um movimento iniciático, está justamente em que o homem comum tem de aprender as lições através da dura escola do sofrimento, das tentativas de erro e acerto, ao passo que o teósofo, o discípulo, evita determinadas fases do sofrimento através do conhecimento das leis e conseqüente aplicação das mesmas a sua vida, pois conhecimento sem aplicação só serve para aumentar o sofrimento.

A vivência consciente dentro dos vários setores da atividade humana, fará com que as funções sejam desempenhadas de forma a mais perfeita e eficiente possível, seja em que ramo for – medicina, educação, política, economia, família – numa verdadeira reforma de base, por partir da essência, do núcleo de toda a problemática, que é o próprio ser humano.

Agindo assim de maneira harmoniosa, como indivíduo, a qualidade da convivência em coletividade também tenderá a melhorar porque veremos surgir um homem capaz de agir com humanidade e não de forma puramente anímica, egoística, visando interesses particulares, gerando os mais tremendos desencontros políticos, sociais e morais que presenciamos. Este esforço de transformação interior é uma das esperanças para o surgimento de uma nova civilização.

A técnica para se alcançar este estado de equilíbrio interno é objeto, como já foi dito, de várias linhas da psicologia. Elas cobrem todo o intrincado jogo dos componentes objetivos – corpo, alma, cobrindo o emocional e o mental – e apresentam, inclusive, práticas de introspeção e meditação, de maneira a propiciar a abertura de determinados canais que possibilitam uma sintonização maior entre o eu inferior e o Eu Superior, ou seja, sintonização cada vez mais perfeita com o princípio Divino que habita o ser humano.

São palavras de Leibnitz (1646-1716), filósofo e matemático alemão: "Para sermos felizes, é necessário viver na harmonia de Deus"

Registramos, a seguir, a opinião de grandes pensadores confirmando a sobrevivência após a morte e o regresso à vida para novas experiências:

1. Cícero (106-46 a.C.), orador latino – "Outro forte indício de que os homens sabem a maioria das coisas antes do nascimento é que, quando crianças, aprendem fatos com enorme rapidez, o que demonstra que não os estão aprendendo pela primeira vez, e sim relembrando-os..."

2. François Marie Arouet Voltaire (1694-1778), escritor francês – "Nascer duas vezes não é mais surpreendente que nascer uma vez; tudo na natureza é ressurreição."

3. Benjamin Franklin (1706-1790), físico, inventor do pára-raios, filósofo e político norte-americano – "Constatando que existo hoje no mundo, creio que sempre existirei, sob uma forma ou outra; e, apesar das inconveniências a que está sujeita a vida humana, não me oporei a uma nova edição de mim mesmo, esperando, porém, que os erros da edição anterior sejam corrigidos".

4. Frederico II, o Grande (1712-1786), rei da Prússia – "Talvez eu não seja rei em minha vida futura, mas tanto melhor; continuarei a viver uma vida ativa e, ainda por cima, colherei menos ingratidão".

5. Johann Wolfgang von Goethe (1749-1832), grande escritor alemão – "A alma do homem é como a água; vem do Céu e sobe para o Céu, para depois voltar à Terra em eterno ir e vir. Tenho certeza de haver estado aqui mil vezes antes, tal como sou, e espero voltar outras mil vezes".

6. *Sir* William Fairbairn (1789-1874), engenheiro e psicanalista escocês – Pierre Weil, em seu livro *As fronteiras da regressão*, faz a seguinte citação: Foi Fairbairn quem introduziu a concepção de um ego que existe desde o nascimento e ao qual pertence a energia psíquica. Pode-se perguntar, no entanto, o que significa esse ego que existe desde o nascimento. Se ele existe no nascimento, somos obrigados a questionar se ele não existiria, já, antes do nascimento; não é porque a fonte de oxigênio muda, que a estrutura psíquica está sujeita a uma súbita metamorfose".

7. Ralph Waldo Emerson (1803-1882), poeta norte-americano – "O segredo do mundo é que tudo subsiste; nada morre, apenas desaparece da vista durante algum tempo para surgir outra vez. Nada está morto; os homens se fingem de mortos e suportam falsos funerais e chorosos obituários, mas lá estão eles, a tudo assistindo pela janela, vivos e em boa saúde, sob nova e estranha forma".

8. Walt Whitman (1819-1892), poeta norte-americano – "Sei que sou imortal. Sem dúvida já morri antes mil vezes. Rio-me daquilo que chamam de dissolução, e conheço a amplitude do tempo".

9. Friedrich Wilhelm Nietzsche (1844-1900), filósofo alemão – "Minha doutrina é: Deves viver de modo a poderes desejar viver novamente – esse é o teu dever – pois, de qualquer forma, viverás novamente!"

10. Mohandas K. Gandhi (1869-1948), apóstolo nacional e religioso da Índia – "Acreditando como acredito na teoria do renascimento, vivo na esperança de que, se não nesta vida atual, em outra vida eu possa abraçar toda a humanidade em um amplexo amigo".

11. Albert Schweitzer (1875-1965), teólogo, filósofo, músico e médico franco-alemão – "Assim, a idéia da reencarnação contém uma

explicação mais reconfortante da realidade, mediante a qual o pensamento indiano supera dificuldades que deixam perplexos os pensadores europeus".

12. Carl Gustav Jung (1875-1961), psicólogo e psiquiatra suíço – "A minha vida, tal como a vivi, muitas vezes me pareceu uma história sem começo nem fim. Eu tinha a sensação de ser um fragmento histórico, um trecho ao qual faltavam o trecho anterior e o seguinte. Podia perfeitamente imaginar ter vivido em séculos precedentes, onde encontrava perguntas que ainda não era capaz de responder; que teria de nascer de novo por não ter cumprido a tarefa que me havia sido designada".

13. John Masefield (1878-1967), poeta inglês – "Acredito que, quando uma pessoa morre, a alma volta a este planeta, em nova aparência carnal. Outra mãe o faz nascer. Com pernas mais fortes e cabeça mais leve, a velha alma se põe a caminho novamente".

CAPÍTULO IV

POSSIBILIDADES DO HOMEM DENTRO DO UNIVERSO

Os vários corpos do homem atuam em conjunto, em uníssono, formando um todo – físico, vital, emocional, mental e causal, que é a Consciência do ser. Apesar de cada um se apresentar com constituição molecular particular, alguns em estado bem mais sutil, todavia, o homem traz um potencial para abarcá-los.

Vamos ver, de maneira sintética, o inter-relacionamento funcional de todos esses corpos.

O corpo físico é extremamente importante do ponto de vista esotérico. Existe uma certa tendência a imaginar-se que o cultivo do espírito implica um certo desprezo pelo físico. Na verdade, porém, como suporte para realização de uma função cósmica, seu papel é tão importante que os iogues lhe dedicam um ramo especial da Yoga, que é a Hatha Yoga e que trata da saúde física – de como viver no plano físico, de como tirar o maior proveito desse instrumento para as experiências da vida terrena.

Apesar de todas as extraordinárias capacidades do ser humano se exteriorizarem através deste maravilhoso computador, a ponto de o homem chegar a pensar que nada mais é do que tão-somente este conjunto de células organizadas em vários sistemas e que possibilitam o funcionamento físico-biológico e psíquico com tanta precisão e de forma tão surpreendente, o homem precisa não se descuidar de seus outros componentes.

A integridade do corpo físico, bem como a manutenção de sua saúde, dependem, por exemplo, das energias que circulam pelo corpo vital que envolve o físico. A morte se dá exatamente quando essas energias deixam de circular, interrompendo-se a interligação entre o vital e o físico.

Todos os corpos mais sutis possuem determinados centros de concentração das energias cósmicas, chamados pelos orientais de chacras. Esses chacras são, por assim dizer, órgãos dos corpos sutis e são eles que mantêm o inter-relacionamento com os campos energéticos dos vários planos do Universo, sendo que vêm terminar nos plexos do sistema nervoso.[7]

O cérebro é a sede física das reações psíquicas; é ele que nos torna conscientes dos estímulos e respostas, mas todo o metabolismo de nossa vida interior se processa na alma. O cérebro é apenas ponte. Existem experiências de natureza iogue, chamadas desdobramento, em que a alma se separa do corpo físico e a pessoa continua com o metabolismo emocional e mental funcionando independentemente do cérebro.

Segundo a Teosofia, a dor, por exemplo, é sentida pela alma. Ela sente e interpreta. O anestésico atua isolando o corpo vital por onde circulam as energias que fazem a ligação do físico com a alma; dessa maneira, o estímulo não passa para a alma. O hipnotismo também isola, desliga a alma. Quanto ao anestésico poder-se-ia dizer que atuou nos nervos; mas e a hipnose? Ela atua em registros que estão além do cérebro. A Teosofia responde àquela pergunta feita por Aristóteles: “Como é que a alma se liga ao corpo?”.

É nos corpos mental e emocional, ou seja, na alma, que se processa a evolução do homem. Se nós observarmos, veremos que toda a nossa luta interna, toda a nossa problemática está situada no emocional e no mental, daí, para direcionar a vida, haver necessidade de aprender a lidar com esses dois corpos.

Conforme foi citado no capítulo anterior, no momento atual da evolução universal, o homem conta, para reagir aos estímulos do meio ambiente, com três fatores internos, apontados pela psicologia como volitivos, sensitivos e cognitivos, ou seja, vontade, mente e emoção.

[7] Sistema nervoso – Vide adendos na página 140.

Vamos procurar penetrar um pouco na atuação conjunta desses três elementos, uma vez que a evolução se processa através de uma dinâmica, de um verdadeiro jogo entre eles. A síntese desse jogo seria: colocar em funcionamento a razão; distinguir o certo do errado para aquele momento e para aquela situação; agir de acordo com o certo à custa da vontade, mesmo que haja solicitações de natureza emocional.

Para acelerar a sua evolução e conseguir praticar de forma adequada este jogo, o homem precisa compreender a sua natureza interna; para compreender a sua natureza, ele precisa conhecer as leis que regem a vida, leis essas que são as mesmas que regem o Universo, o Macrocosmo, uma vez que somos o Microcosmo.

A própria Bíblia confirma esta verdade quando diz que o homem é feito à imagem e semelhança do Criador. Do ponto de vista teosófico, essa semelhança não é segundo uma concepção antropomórfica, de que Deus tem a forma física do homem, mas na concepção de que a semelhança entre o homem e Deus é no que diz respeito a princípios, a potencialidades.

A condição mais fundamental para a autocompreensão é perceber a atuação da lei da Polaridade nos elementos constituintes da alma, assunto que será apresentado com maiores detalhes nos capítulos VI e VII.

A Vontade é polar. Pode ser forte a ponto de levar o homem a agir de acordo com a melhor opção detectada pela Razão, ou pode ser fraca a ponto de ceder aos reclamos da emoção.

A Psicossíntese, cujas premissas foram estabelecidas por Roberto Assagioli, empresta à vontade uma posição de destaque dentro de nossa personalidade. A Psicossíntese está inserida dentro da psicologia que é chamada de "Terceira Força" – conjunto de linhas que não aceitam na íntegra a Psicanálise e o Behaviorismo e aceitam a parte transcendente, imponderável do ser humano. Ela afirma que a psique é polarizada e tende continuamente a buscar o equilíbrio entre os opostos. Conforme o homem vai ajustando esses opostos, vai encontrando o foco de sua natureza interna, o seu EU Superior, cujo fator preponderante é a Vontade. Acontece que esta é um joguete nas mãos do desejo e dos impulsos. Para que o indivíduo encontre esse foco unitário da natureza interna é preciso treinar a psique. Esse foco coincide com a Vontade plena e absoluta do ser, daí a Psicossíntese começar pelo treino da Vontade. Ela coloca seis fases para esse treinamento: deliberação, motivação, decisão, afirmação, persistência, execução.

São palavras de Assagioli: "Acredito que a Vontade é a Cinderela da moderna psicologia e, no entanto, foi relegada para a cozinha". A Vontade que ele defende não é a Vontade frontal, no conceito "victoriano". É uma Vontade dependente da motivação. Preciso compreender as razões, os motivos daquilo que quero conseguir, daí a necessidade da análise mental, da Razão, do discernimento. Sem um objetivo consciente a Vontade jamais se movimentará.

A polaridade da mente, que será analisada no capítulo VI, é que nos coloca sempre diante de uma posição de escolha. Aliás, uma das leis formais do pensamento é o princípio da contradição. Um dos referenciais da mente é o oposto. Sabemos o que é dia, por sabermos o que é noite. Este assunto é amplamente desenvolvido no capítulo da filosofia que trata da dialética.

A polaridade da emoção, que será analisada no capítulo VII, é ainda mais facilmente identificável. Basta olhar para dentro de nós mesmos para verificar que há momentos em que somos invadidos por sentimentos elevados, de afeto, altruísmo etc. e outros em que brotam dentro de nós emoções ligadas ao egoísmo, à vaidade, ao orgulho.

Esta polaridade da alma humana tem uma razão de ser. Para que o homem cumprisse a finalidade da existência, para que pudesse exercer o livre-arbítrio, foi necessário que sua personalidade se estruturasse de forma não fixa.

Vejamos o grande jogo da evolução. O homem começa sua caminhada evolutiva com um esquema preponderantemente emocional – ele é impulsionado a agir em busca de um prazer, de uma satisfação imediata. Sempre que, em seu caminho, se interpõe algo desagradável, que ele registra como dor ou sofrimento, o homem quer mudar a sensação. Para modificá-la ele põe em funcionamento o mental, procura analisar a situação e procura mudar as condições. Vai descobrindo as leis que regem a vida e acaba encontrando o caminho da Lei Universal. Se houvesse apenas estímulos agradáveis não haveria movimentação entre os componentes da alma, ela estaria estática e não haveria evolução, uma vez que evolução exige dinâmica.

É este buscar uma condição mais favorável, mais cômoda, que leva o homem a, inconscientemente, desenvolver o seu mental, fenômeno que vem se processando através dos tempos, a ponto de o homem ter alcançado todo esse fabuloso desenvolvimento mental, patente na ciência, tecnologia etc.

Reforçando a idéia – o mecanismo do processo evolutivo é: diante de situações críticas, ter a capacidade de ajuizar imparcialmente sobre os acontecimentos e tomar a resolução mais adequada para aquele momento, sem atender aos reclamos da emoção.

A Lei do Livre-Arbítrio faculta o direito de escolher entre inúmeras opções, mas, após feita a escolha, o homem precisa aceitar as conseqüências, porque existe, como vimos, a Lei de Causa e Efeito, denominada Carma, que regula o efeito em relação às causas. Através da lei do Carma, o homem vai construindo o seu próprio destino. O apóstolo S. Paulo situa perfeitamente os limites do livre-arbítrio quando diz: "Todas as coisas me são lícitas (livre- arbítrio), mas nem todas me convêm (determinismo da Lei)".

O que se verifica, porém, é que a evolução do homem vem se processando de forma unilateral. Existe grande disparidade entre o desenvolvimento mental e o desenvolvimento emocional. A par com um mental extraordinariamente desenvolvido, o homem ainda é egocêntrico, ainda é movido à ação em busca de interesses pessoais.

As grandes descobertas da ciência, por exemplo, ainda são, em grande parte, empregadas contra o próprio homem. Basta sabermos, conforme estava num noticiário recente, que as nações, em conjunto, aplicam dois milhões de dólares por minuto em armamentos, armando-se para uma defesa contra ataques recíprocos, o que nos mostra que o homem não compreendeu de forma alguma a finalidade da vida.

Alguém fez esta sábia observação: "Num povo verdadeiramente civilizado, o problema não estaria no estratagema de criar novas armas para dominar o mundo, mas no de criar homens justos que não quisessem e nem precisassem mais recorrer ao uso de armas".

As civilizações dos nossos dias, com suas fantásticas proezas de natureza mental, pensam estar alcançando alto grau de evolução mas, evolução no sentido esotérico é alcançar uma modificação interna, em direção à neutralidade, à imparcialidade e à justiça, modificação que vai levando o homem a agir cada vez mais em harmonia com as Leis Universais.

A predominância das exigências emocionais no comportamento humano é que nos faz sofrer. Não sabemos estabelecer escala de valores adequada. Ainda colocamos nossas expectativas de felicidade em fatores transitórios, perecíveis.

Psicologicamente, felicidade é alcançar uma meta. Podem observar que sempre que alcançamos uma meta, algo que ambicionávamos, sentimo-nos felizes. Acontece que nossas metas são bens relativos e logo percebemos que aquilo que conseguimos não é bem a felicidade que esperávamos e nos propomos nova meta.

Ao entrar pelo caminho da auto-realização, passamos a buscar metas mais duradouras, mais permanentes e nosso estado de felicidade vai também progressivamente se ampliando e se estabilizando.

A vida é um jogo vasto e complexo, mas extraordinariamente fascinante. Aprender o jogo da vida é a meta máxima da própria vida e, portanto, condiciona o encontro daquela felicidade que vimos buscando não só nesta vida, mas através de todas as vidas que já tivemos.

Quanto melhor conseguirmos estabelecer uma comunicação entre o físico e os corpos mais sutis, mais aproveitaremos nossas potencialidades. Um dos objetivos da auto-realização é, através da Yoga e de um trabalho de organização interior, ir conseguindo um melhor intercâmbio entre os vários corpos e a Consciência Superior. Como conseqüência, a pessoa irá caminhando em direção a percepções de nossa parte transcendental, inclusive as chamadas extra-sensoriais.

Sabe-se que existem capacidades não explicadas. A hipnose, por exemplo, comprova isso. A pessoa hipnotizada pode perceber fatos que se processam do outro lado do mundo, lê cartas fechadas, adivinha pensamentos etc.

Em 1967, o cientista A. Longhi, pesquisador do Instituto Superior de Ciências de S. Paulo, procurou a polícia de Belo Horizonte e prontificou-se a ajudá-la no esclarecimento de um assalto ao Banco Moreira Sales. Serviu-se de duas moças que, hipnotizadas, indicaram o paradeiro dos ladrões.

A transmissão de pensamento é a ressonância, de natureza eletrônica, de uma mente para outra. O cérebro funcionaria como um computador eletrônico numa determinada vibração, e a mensagem seria recebida por outro cérebro de vibração idêntica. O químico francês René Warcollier conseguia transmitir seus pensamentos, à distância, com incrível rapidez, fato que foi comentado pela imprensa da época.

A telepatia tem sido comprovada estatisticamente. Na França e nos Estados Unidos, Rhine, da Duke University, chegou a catalogar vinte e oito mil casos de premonição.

A eficácia da radiestesia, do funcionamento do pêndulo, é outra realidade surpreendente. Presenciei o seguinte fato. O gatinho angorá de um casal conhecido foi roubado e não se tinha idéia de onde estivesse. Em uma cidade de trinta mil habitantes, inclusive cortada por um rio que a divide ao meio, o técnico em radiestesia pesquisou o mapa da cidade e localizou a casa onde estava o gatinho, situada a 8 km. de distância. Foi só o trabalho de ir buscá-lo.

Outro fato verídico, ainda mais surpreendente, foi encontrar um cão na cidade de São Paulo. O cão estava próximo ao aeroporto de Congonhas, a 15 km do local do desaparecimento. A rua foi localizada através de um mapa-guia da cidade e, dentro de uma rua extensa, a casa para onde o cão tinha sido levado foi identificada.

A ciência sabe que nossos sentidos são limitados. Na escala de radiações eletromagnéticas, por exemplo, a visão só percebe a gama que vai do vermelho ao violeta, mas os aparelhos detectam e inclusive utilizam o que está acima e abaixo. O mesmo acontece com os outros sentidos que também só são sensibilizados por certa gama de vibrações. A Teosofia, no entanto, afirma que o homem tem possibilidade de vir a perceber o Universo de forma integral.

O primeiro indício de equilíbrio interno, é a ampliação da intuição, fenômeno esse perfeitamente caracterizado pela ciência. O homem vai, progressivamente, contatando as potencialidades de sua Consciência Superior que, como partícula da Divindade, vai liberando Seus atributos - onipotência, onipresença e onisciência. O Criador dá ao ser criado, a possibilidade de abarcar o Todo Universal e se integrar nele. Este religar da parte inferior à parte superior, como já foi citado, é que é o verdadeiro sentido da palavra religião, que vem do latim *religare*.

CAPÍTULO V

GRAU DE CONSCIÊNCIA

No que consiste, verdadeiramente, o grau de consciência?

O ser humano é constituído, como vimos, por vários corpos habitados pela Consciência Superior. O grau de consciência física depende do quanto dessa Consciência a pessoa deixa fluir através de seus dois corpos dinâmicos – emocional e mental – corpos esses que estabelecem a amplitude de nossa vida física consciente.

Por sua vez, a quantidade desse Princípio Superior que consegue fluir depende do grau de equilíbrio dos vários veículos.

Conseqüentemente, grau de consciência é um valor relativo que depende da medida de diversos fatores que variam de acordo com cada indivíduo. Na dependência da composição atual dos veículos e do equilíbrio psíquico, conseguiremos maior ou menor comunicação com a Consciência.

Quer dizer, em última análise, que o fator *comunicação* é que dá o nível do grau de consciência.

Então, para aumentar a comunicação, preciso equilibrar os veículos:

• O físico, pela alimentação sadia, exercícios, respiração, repouso e lazer, cuidando naturalmente com equilíbrio das atividades da vida contingente.

• O vital, pela prática da respiração, do Pranayama, de Yogas. Uma de suas funções é absorver Prana, energia Cósmica, que será apresentada no capítulo XIII, sendo que essa absorção se faz pela respiração. Podemos passar dias sem alimento, noites sem dormir mas não resistiremos a minutos sem respirar. O oxigênio é alimento essencial do corpo físico, mas Prana tem potencial alimentador bilhões de vezes maior do que ele. Haja vista o caso de iogues que conseguem ficar tempo indeterminado sem respirar. É que controlam a absorção do Prana diretamente pelos centros etéricos, pelos chacras.

• O corpo emocional, pela transformação da emoção. Trabalho consciente, entrando em contato com linhas atuais da psicologia e que estão direcionadas exatamente para o aprimoramento da vida interior.

• O corpo mental – A evolução do homem, mesmo de forma inconsciente, começa com o mental, que é o fulcro do processo interno no ciclo evolutivo atual, cujo objetivo é o domínio da emoção pelo mental. O primeiro passo para a organização deste corpo é ampliação da capacidade mental. Começo pela aquisição de conhecimentos. Não erudição, não grau de cultura. Não é o quanto eu sei propriamente. É uma nova atitude – a de disposição para o estudo, para o trabalho mental. Começo do ponto onde me encontro. Acontece que só o conhecimento não é suficiente. Todo o conhecimento precisa ser transformado em vivência para que se vá pondo à prova as Leis que regem a vida. Nossa natureza é como uma balança. Quando coloco conhecimento num prato, preciso colocar ação no outro. Se desvinculo conhecimento da ação, entro em desequilíbrio.

A ampliação do mental, a transformação interior e mais o conjunto de práticas propostas pela Yoga levam o indivíduo a ultrapassar o mental racional e a entrar na faixa da intuição.

Ao organizar o quadro vital, emocional e mental, por trabalho consciente, facilito a atuação da Consciência e aumento a agudeza da Razão. Adquiro maior capacidade de analisar, argumentar e encontrar soluções justas perante a Lei, uma vez que Razão é a exteriorização da Consciência. É o *quantum* de verdades Universais, de Leis, que permito que se exteriorizem através de minha atividade psíquica.

Analisando tudo isso que acabamos de expor, é fácil compreender que o grau de consciência é um valor relativo:

Existe um valor fixo que é a Consciência, igual para todos.

Acontece, porém, que os outros elementos que participam do processo de comunicação são variáveis:

• Estado físico;

• Quadro do vital que a pessoa traz como Carma e do trabalho que está sendo feito agora;

• Quadro emocional, vivências emocionais, trabalho que está sendo feito;

• Quadro mental que a pessoa traz, mais conhecimentos que adquire, mais abertura e libertação dos preconceitos;

• Nível de comunicação que já traz e que consegue melhorar ou piorar.

Com todas essas variáveis e um valor fixo, entramos na lei das probabilidades, que resulta em uma quantidade infinita de possibilidades. Daí Roso de Luna dizer: "A Maya Budhista, ou seja, as ilusões do mundo físico, é comparável à relatividade de Einstein". Cada homem concebe a realidade de acordo com o seu grau de evolução, segundo o jogo dos elementos da alma, por isso não pode haver discussão no sentido de se impor idéias, somente o diálogo.

Cada um de nós é um ser completamente único, diferente, cada um vê o mundo e penetra os conceitos de modo particular.

Estamos diante de uma extraordinária realidade psicológica e que diz respeito ao julgamento.

"Não julgueis para que não sejais julgados", parece místico. Mas, "não julgueis porque com vosso grau de consciência não podeis medir o grau de consciência de vosso semelhante", começamos a lidar com grandezas e há uma conotação científica.

São palavras de Carl Rogers (1902-1987):"O campo fenomenológico do indivíduo pode passar por uma série de mudanças, oferecendo várias alternativas possíveis de respostas. Para o observador, o comportamento resultante talvez pareça irrelevante, inadequado ou mesmo destrutivo. Mas, em qualquer caso, seu julgamento não pode ter sido baseado em todos os indícios disponíveis. Os indícios e razões só estão disponíveis para a própria pessoa". E, ainda assim, com todos os elementos à mão, encontramos barreiras quase intransponíveis para um autojulgamento.

Gaiarsa, em seu *Tratado geral sobre a fofoca* que ele classifica como a maior peste emocional, diz: "Fofóca é aquilo que as pessoas inibidas, quadradas, incapazes, fazem contra as que se mexem, vivem, fazem coisas criativas".

Como resultado do esforço para auto-organização, iremos aumentando o grau de consciência. Nossas resoluções irão se aproximando cada vez mais dos desígnios da Lei.

Resumindo: o Grau de consciência resulta do *quantum* de leis que conscientizo e que passo a aplicar na vida diária, pertença eu a que linha filosófica ou religiosa pertencer, não importa: o que importa é que as Leis Universais estejam realmente sendo entendidas e praticadas.

CAPÍTULO VI

POLARIDADE DO MENTAL

A estruturação de todas as coisas é resultante da atuação das Leis Universais. Tudo no Universo está inter-relacionado; nem o mais diminuto grão de areia está desligado do Todo.

Segundo Hegel (1770-1831): "O mundo não é uma coleção de unidades autônomas, átomos, almas, cada um com existência independente. Nada é completamente independente e subsistente a não ser o Todo, que vem a ser o Absoluto, o qual não é estático mas dinâmico. No seu devenir, se desenvolve de acordo com sua fundamental lei interna – a dialética, que se constitui de três fases – tese, antítese e síntese. A Natureza é antítese do Absoluto. Através da Natureza, como seu oposto, o Absoluto chega a ter consciência de si, o que constitui como que sua síntese suprema".

O método que o Supremo Arquiteto, ou seja, Deus, empregou para construir a Obra Cósmica é o mesmo que temos de aplicar em nós próprios para entendermos nossas reações e conduzirmos nossas atividades neste plano físico no qual vivemos atualmente.

Neste capítulo iremos nos deter meditando um pouco a respeito da Lei da Polaridade. Ela evidencia-se por toda a parte – na eletricidade como pólo positivo e negativo; na constituição do átomo como prótons e elétrons.

Essa polaridade cósmica está evidente na natureza humana e é ela justamente a causa primordial da complexidade do ser humano. No dia em que o homem entender esta Lei, enxergá-la agindo dentro de si, ele estará entrando pelo caminho do autoconhecimento. E a auto-realização está vinculada à conciliação destes dois pólos no funcionamento do mental e do emocional. Nenhum princípio existente no Universo pode ser desprezado. Precisa ser compreendido, isso sim, e corretamente aproveitado porque tudo é dual e o estado ideal de todas as coisas é o de perfeito equilíbrio.

Para tirar o melhor proveito possível de uma máquina qualquer, precisamos conhecer a sua engrenagem, o seu funcionamento, as suas possibilidades. Isto, por mais simples que seja. Para obter o maior rendimento possível de todas as suas infinitas possibilidades, o homem precisa começar por conhecer a sua estrutura interior.

Vamos dar, então, mais um passinho dentro de nós mesmos, considerando novos aspectos da dualidade de nosso mental e, depois, de nosso emocional.

Pois bem, a polaridade é justamente a característica do mental racional. O homem só consegue entender alguma coisa em termos de outra. Só é possível formar um conceito de alguma coisa da qual possamos conceber o contrário, como por exemplo: fácil-difícil, morte-vida, belo-feio, bom-mau. Podemos formar conceito dessas idéias porque podemos estabelecer comparações.

Aristóteles, que foi o precursor da lógica, afirmava que o pensamento só começa quando se associam pelo menos duas idéias, afirmando ou negando uma a outra. Caso contrário, apenas estaremos emitindo idéias soltas, esparsas.

Raciocinar, em lógica, significa estabelecer uma relação necessária entre duas proposições ou enunciados. Vejamos as duas formas de raciocínio, o dedutivo e o indutivo.

A mais simples forma do raciocínio dedutivo é o chamado silogismo, proposto por Aristóteles. No silogismo temos:

1. Premissa maior, de caráter universal;

2. Premissa menor, de caráter particular;

3. Conclusão.

O exemplo mais tradicional do silogismo é aquele que diz:

1. O homem é mortal;

2. Sócrates é homem;

3. Logo, Sócrates é mortal.

Se observarmos, cada um destes enunciados representa uma idéia solta, esparsa. Só há pensamento, raciocínio, pela interligação, efetuando-se uma comparação afirmando, ou comparação negando, para se chegar a uma conclusão. A matemática é baseada neste tipo de raciocínio, que é dedutivo. A matemática resulta de deduções que partem de princípios fundamentais preestabelecidos, chamados axiomas, ou postulados. Naturalmente, este método pode falhar em suas conclusões, pois tudo depende da veracidade, da exatidão desses postulados e axiomas, tomados como base do raciocínio.

Por exemplo, com premissas falsas, podemos deformar a conclusão e criar sofismas.

1. Quem enterra um objeto cortante no corpo de uma pessoa deve ser punido;

2. Os cirurgiões perfuram os corpos;

3. Os cirurgiões devem ser punidos.

Zenão de Eléia (490 a.C.) não era sofista mas zombava de suas argumentações. Diz ele: "Aquiles jamais alcançará a tartaruga. Aquiles corre o dobro. Sempre que Aquiles corre um tanto, a tartaruga corre a metade. Como a trajetória se compõe de infinitos pontos espaciais, eternamente estarão com a distância de metade do caminho".

O chamado raciocínio indutivo é aquele que parte da análise das partes e caminha para o todo. Exemplo:

1. Particular – a Terra, Marte, Vênus, Saturno e Netuno são planetas;

2. A Terra, Marte, Vênus, Saturno, Netuno não brilham com luz própria;

3. Logo, os planetas não brilham com luz própria.

Este tipo de raciocínio emprega o método da experimentação, da observação de casos particulares para chegar a uma generalização. Esse método também pode falhar, pois a generalização é sempre perigosa. Podemos dizer, em alguns ramos do conhecimento, que este é um dos pecados mortais do pensamento, pois o homem conhece uns poucos elementos de uma determinada classe e generaliza para toda a classe; conhece uns poucos elementos de uma determinada raça, por exemplo, e generaliza as características para a raça inteira. Para que este método tenha sucesso é preciso que se baseie em experiências acuradas e em estatísticas minuciosas.

Do ponto de vista da polaridade, nesse tipo de raciocínio indutivo, o homem também joga sempre com dois objetos ou dois enunciados entre os quais estabelece relações, analogias para formar um conceito um pouco mais amplo. Com este novo conceito, porém, não consegue fazer nada. Precisa de um novo objeto ou enunciado para com ele estabelecer novas analogias, novas associações para chegar a uma verdade um pouco mais ampla e, assim, sucessivamente, ir de comparação em comparação, caminhando até chegar a um ponto que satisfaça seu mental.

Quer dizer que, analisando os métodos de raciocínio atuais, verificamos que a mente racional parte sempre de um estado de dúvida para entrar no terreno da investigação, da indagação para, depois, terminar numa situação que responda a suas expectativas quando, então, dá lugar a uma crença, a um conhecimento, ou, se o resultado for extremamente amplo, chegar ao estabelecimento de uma lei.

Fizemos toda esta dissertação para mostrar que o mental humano é limitado, imperfeito e o objetivo da auto-organização é levar o indivíduo a desenvolver seu mental através de processos especiais, especificados dentro da Yoga. O homem deverá desenvolver seu mental de maneira tal a adquirir a capacidade do chamado conhecimento direto, uma das potencialidades do espírito. Ele irá aos poucos adquirindo aquela aptidão que a ciência hoje conhece pelo nome de intuição, irá penetrando no terreno da onisciência, que é uma das características do estado de ser da Divindade.

O cientista dos nossos dias reconhece abertamente as limitações de nosso mental. Podemos afirmar que a maior descoberta feita pela ciência, nestes últimos tempos, foi justamente o abandono daquela convicção do cientista do século passado que acreditava ter sempre a última palavra em cada nova descoberta. Todo cientista do século

XX aceita que está longe da última verdade, o que é uma grande vantagem do ponto de vista mental, que deve ser eclético, de largos horizontes.

O homem acabou por se convencer de que os sentidos e a mente têm provocado enganos que levaram a ciência a interpretações erradas dos fatos. Acreditou-se uma vez, por exemplo, que o Sol girava ao redor da Terra e não a Terra ao redor do Sol; que a Terra era Imóvel; acreditou-se na solidez e indestrutibilidade da matéria etc.

Com os recentes estudos da Parapsicologia,[8] a ciência começa aceitando, também, que existe uma faixa de nosso inconsciente que está totalmente inexplorada, faixa essa que é fonte de riquíssimas inspirações, que chegam como lampejos de intuição. Com o tempo, tais lampejos deverão ir aumentando, se estabilizando até se tornarem um estado de ser permanente. O homem não mais precisará da comparação, da experimentação para aprender. Bastará meditar, cujo processo, aliás, é ensinado na Yoga e ele simplesmente saberá, conhecerá, passará a ver as leis.

Por isto é que é difícil para o ser humano entender Deus, pois Deus é a soma de todas as leis, é algo global e nunca poderá ser entendido pelo mental racional que é dual, dialético, imperfeito.

É por causa desta limitação do seu mental que o homem está repleto de conceitos, de pontos de vista, de dogmas, escolas filosóficas etc. O mental racional se recusa a aceitar aquilo que não possa ser provado de modo material.

Nosso mental só tem capacidade de percepção para conhecimentos que estejam dentro de um determinado limite. Além desse limite, para conhecimentos mais transcendentes, é exigido um novo veículo, uma nova forma de percepção. O homem está, por assim dizer, incompleto.

No próximo capítulo trataremos da polaridade da emoção.

[8] Parapsicologia – Vide página 141.

CAPÍTULO VII

POLARIDADE DA EMOÇÃO

Vimos que o homem é constituído por vários corpos, sendo que toda a sua dinâmica na face da Terra se processa em sua alma que, por sua vez, é constituída por dois veículos que abrangem várias fases do mental e do emocional. É ela que liga o espírito ao físico que, por sua vez, tem dois corpos – o físico e o vital.

Foi objetivo do capítulo anterior o estudo de um dos componentes da alma, o mental, do ponto de vista funcional. Vimos a sua dualidade e as suas limitações.

Agora, deveremos analisar o segundo componente da alma humana, que é a emoção, também do seu ponto de vista funcional, focalizando particularmente a sua dualidade, pois nesta fase de nossos estudos estamos procurando mostrar o reflexo no homem da polaridade Universal, ou seja, o reflexo da divisão do Uno em dois princípios opostos que deram, como resultado, a criação do Universo.

A dualidade da emoção é fácil de perceber. Confirmando o que já foi mencionado, ora somos tomados por sentimentos elevados, altruísticos e, outras vezes, brotam em nós emoções ligadas ao egoísmo, personalismo etc.

Bastaria citar alguns de seus princípios polares:

altruísmo .... egoísmo

diligência .... preguiça

caridade .... inveja

humildade .... soberba

desprendimento .... avareza

ira .... mansidão

QUAL DELES É O BEM? QUAL DELES É O MAL?

O conceito que o ocidental tem destes dois princípios é bastante errôneo, bastante deficiente. Nem tudo o que parece ser um bem é bem e nem tudo o que parece ser um mal é mal. Precisamos ir caminhando para o conceito de justiça, que é o equilíbrio entre estas duas forças, que também poderiam chamar-se:

DEUS e DIABO

Quando se fala em bem, o ocidental pensa logo em algo da coluna da esquerda. Quando se fala em mal, pensa em algo da coluna da direita. Mas nós precisamos começar compreendendo que o bem e o mal são sempre valores relativos.

Esta dualidade da natureza humana está registrada com nitidez dentro da filosofia. O capítulo da axiologia surgiu única e exclusivamente em virtude da dualidade da emoção. Basta observar que o ser humano não consegue contemplar de modo neutro o mundo em que vivemos. As coisas que nos cercam provocam em nós um desejo de aproximação ou de afastamento, de atração ou de repulsão. É esta dualidade emocional que coloca o homem sempre a favor ou contra alguma coisa. Não posicionar-se é um estado anormal.

O capítulo da dialética que estuda os processos de conhecimento que procedem por oposição e superação de contradições, afirma que cada coisa traz em si a sua própria contradição. Cada coisa é levada a transformar-se em seu contrário. Por exemplo, a vida marcha para a morte, a atividade leva à exaustão, a criança caminha para a maturidade e, depois, para a velhice e a morte. Tudo chega a um fim que é oposto ao começo. Tudo é alimentado, animado, mantido e destruído pelo seu oposto. Na linguagem de Hegel (1770-1831), filósofo que estabeleceu os fundamentos da dialética moderna, cada coisa é ao mesmo tempo tese e antítese, o que seria dizer que cada estado de ser tem um aspecto positivo e outro negativo. O momento presente de cada coisa é uma síntese, mas essa síntese é o produto de um jogo de forças opostas. Quando um determinado estado chega ao extremo, gera o oposto, cria o germe da autocorreção. Se analisarmos o exemplo já citado do fruto, veremos que ele é a síntese de um processo. Antes, foi flor e poderá vir a ser uma árvore. Houve um processo negativo que levou a flor a murchar. Depois, houve um processo positivo que transformou a flor no fruto. Agora, vai haver um processo negativo que levará o fruto a desintegrar-se, apodrecer, para surgir a semente. Em seguida, haverá um processo evolutivo que levará a semente a se tornar uma árvore. É o contínuo jogo dos opostos.

Tudo vai se transformando, se modificando em virtude dessa lei interna de autodinamismo, provocada por uma contradição inerente à própria coisa. Uma força que impulsiona ao progresso e outra que leva ao declínio. Na natureza interna do homem verifica-se o mesmo fenômeno. Ele progride, se transforma, evolui, em virtude da luta entre seus elementos psíquicos – emoção e mente – cujos componentes são polarizados.

Para situar bem a realidade destes princípios positivo e negativo, podemos recorrer à filosofia oriental, particularmente à de Lao-Tsé que tem uma noção bem mais equilibrada desses valores. A acupuntura, que é fundamentada nessa filosofia, afirma que existem duas energias no Universo, que circulam pelo nosso corpo vital e, também, pelo físico através do sistema nervoso, e que se chamam Yang e Yin. Vamos, provisoriamente, colocar Yang na coluna da esquerda, coluna considerada como Bem e Yin na coluna da direita, considerada como Mal. Acontece que a acupuntura afirma que existem doenças provocadas pelo excesso de Yin, o que se compreende por estar do lado do Mal. Mas afirma também que existem doenças provocadas pelo excesso do Yang que está do lado do Bem. É difícil compreender que o princípio positivo possa provocar doença que é algo tão negativo, mas provoca. E diz que, para curar uma doença com excesso do Yang, ou se retira um pouco de Yang ou se junta um pouco do Yin. Do ponto de vista filosófico, não se poderia situar estes valores de modo fixo, tabelado. Não são princípios antagônicos, mas sim complementares. E a condição ideal entre eles é a de equilíbrio.

Então, para o oriental, o que é uma doença? É o excesso ou a falta do Yang, ou o excesso ou a falta do Yin, de acordo com as necessidades do organismo. Por analogia, o que é um mal? É o excesso ou a falta de qualquer um destes valores morais em relação às necessidades da situação que está sendo vivenciada, das circunstâncias em que estejamos envolvidos.

Quer dizer que não é o valor em si mas, o que importa, é a aplicação do valor. Por exemplo, paciência – será que se deve ser sempre, incondicionalmente, paciente? Será que não existem momentos em que realmente se deve ser impaciente? Altruísmo – será que se deve dar tudo, sem medidas?

Quer dizer que o Bem e o Mal não existem. Bem é um estado intermediário, é o ponto de Justiça na aplicação de qualquer um dos valores.

São palavras de Mário Roso de Luna (1872-1931), renomado ocultista e teósofo espanhol: "Como diria um matemático, o Bem e o Mal não são senão dois conjugados variáveis que determinam uma constante integradora sempre desconhecida, já que o que chamamos de bem e de mal são conteúdos relativos".

A emoção polarizada e considerada em seu aspecto de desequilíbrio, com predominância do negativo, dá um estado de ser que recebe, em teosofia, o nome de egoidade. Egoidade é aquele princípio que faz com que o homem se considere como o centro do Universo, em torno do qual tudo deve girar. Existe um fenômeno interessante que leva o homem a adquirir este estado de egoidade, fenômeno que é regido por uma das leis da dialética, isto é, pelo estado de oposição existente entre as coisas. O homem, através de seus órgãos de percepção físicos, estabelece uma relação com o meio ambiente. Acontece que este meio é mutável, e é sempre interpretado pelo grau de consciência do homem, grau de consciência que também muda, porém, mudança que o homem não percebe. Nós não percebemos, não nos compenetramos das modificações que se operam em nós, nem mesmo das alterações físicas que seriam mais fáceis de serem registradas. Então, aos poucos, o homem vai adquirindo a idéia de que tudo muda, exceto ele próprio... só ele é permanente dentro de um mundo completamente mutável e, com isso, desenvolve o sentido da egoidade, que é o princípio da separatividade, do ser como indivíduo, com necessidades que devem ser satisfeitas a todo o custo, mesmo que em detrimento do bem-estar daqueles que o cercam. Quer dizer, o homem se tornou, em essência, um ser sumamente egoísta, egocêntrico. A egoidade era necessária no início do processo evolutivo, pois fortalecia o princípio da autodefesa, da sobrevivência do mais forte, tanto que está nitidamente expressa nos instintos primários – defesa, agressividade, procriação.

Reforçando a idéia já exposta quando tratamos da reencarnação, vejamos o que vem acontecendo no terreno da emoção humana. O homem é sempre impelido a agir procurando satisfazer a sua emoção. Se observarmos, veremos que aquilo que move o homem à ação é a emoção, sendo que ela só pode reagir de duas maneiras. Existem coisas que agradam e coisas que desagradam. Naturalmente, o homem busca repetir os atos que agradam e evitar os atos que desagradam e acaba, então, entrando num círculo vicioso - ação que produz emoção agradável, emoção agradável que leva à repetição do ato. Desta maneira, o homem se instala naquele tipo de comportamento bem explicado pelo reflexo condicionado, que foi estudado pelo cientista Pavlov (1849-1936), fisiólogo e médico russo. Ele fez experiências com animais verificando que eles realizariam qualquer coisa desejada se fossem emocionalmente gratificados no final das experiências. É o sistema de se educar os animais amestrados que aparecem por aí em circos.

Pois bem, a emoção do homem reage da mesma maneira, ela quer ser sempre gratificada. Para o rompimento deste círculo vicioso, ação que produz prazer e prazer que incita à repetição da ação, é preciso recorrer a outro princípio interno, que é o da Vontade Superior, princípio esse que vem a ser o pivô da auto-realização. Somente através do uso desta grande arma o homem conseguirá sair desta vivência rudimentar que visa alimentar a emoção e conseguirá, então, elevar-se à categoria de ser que busca alcançar a plenitude da sua personalidade. É importante observar que nem tudo aquilo que desagrada é mau e nem tudo o que agrada é bom. Neste jogo interno precisa haver um controle da mente, no seu aspecto razão, discernimento. Devemos meditar muito sobre a dinâmica destes três valores internos - mente, emoção e vontade - em sua atuação conjunta. Neste capítulo, estamos, didaticamente, procurando fazer uma análise da emoção básica do ponto de vista qualitativo, quanto possível estática. Essa análise mais específica do mental e do emocional poderá levar o leitor a entender melhor o próximo capítulo, quando trataremos da dinâmica entre os fatores da alma.

Todo ser humano traz dentro de si este impulso para a busca de uma satisfação. Uns buscam riqueza, outros prestígio, uns se entregam à luxúria, outros a vícios, mas, todos, igualmente, ao alcançarem a meta, o impulso interior não fica satisfeito, pelo contrário, na maioria das vezes, provoca depressão, mal-estar, necessidade de novas experiências com novas esperanças de encontrar satisfação.

Agindo assim, de modo a satisfazer apenas a emoção, o homem foi entrando cada vez mais pelos terrenos de sua emoção negativa, isto é, apesar de extraordinariamente inteligente, é um ser egoísta e surpreendentemente involuído em suas reações emocionais. O estado de ser do homem atual está muito bem representado na lenda do labirinto de Minos. O indivíduo que entrasse por esse labirinto, na ilha de Creta, não mais encontraria o caminho de saída. E, no final do labirinto, deparava-se com o monstro Minotauro que o devorava. Em uma briga entre Atenas e Creta, o filho do rei de Creta é morto e, para compensar esta tragédia, Minos, rei de Creta impõe que 7 rapazes e 7 moças sejam anualmente entregues ao monstro. Teseu, estando presente quando do embarque de um grupo de condenados que se dirigia para Creta, propõe-se a ir junto e derrotar o Minotauro. O rei de Minos recebe a comitiva em seu palácio e sua filha, Ariadne, ao ver Teseu, se apaixona por ele e entrega-lhe um novelo, cujo fio ele iria soltando ao longo dos labirintos a fim de encontrar o caminho de volta.

Este fio de Ariadne simboliza o mental e o Minotauro a emoção. Como o homem não consegue encontrar sozinho o caminho para sua libertação, o Eterno, de tempos em tempos, ou seja, ciclicamente, manda expressões de si mesmo, tais como Krishna, Orfeu, Odin, Zaratustra, Buda, Cristo, que são seres divinos humanizados e que nos vêm trazer as leis que deverão ser seguidas a fim de que o homem consiga a sua despolarização. Eles são o fio de Ariadne que, despertando o mental do homem, o libertará do labirinto em que se encontra.

Conforme vimos quando da análise do mental, nenhum destes valores negativos pode ser abandonado. Eles constituem um dos dois pólos imprescindíveis do Universo, fazem parte da grande síntese Universal – um é a tese, outro a antítese. Se abandonarmos um deles, jamais conseguiremos a síntese. O que é preciso é conseguir que estes dois princípios opostos sejam equilibrados, neutralizados. Então, não haverá nem bem, nem mal, mas tão-somente a justiça, a Lei, o caminho do meio, o fio da navalha de que nos fala H.P.B.

No momento em que isto se der, o homem alcançará seu estado primitivo de unidade, quando então, também, automaticamente, alcançará o estado de paz e de felicidade que todos almejamos, porque penetrará novamente no paraíso terrestre do qual foi expulso na ocasião em que sua natureza se polarizou.

Através do trabalho de organização interna devemos transformar a mente racional em Sabedoria e emoção em Amor Universal. Como resultado desta verdadeira alquimia, que é um trabalho gigantesco, de muitas vidas, iremos nos aproximando do entendimento do que seja Deus, porque iremos alcançando as potencialidades daquela Unidade Primordial que deu origem ao Macrocosmo, que é o Universo com toda a sua complexidade, e ao Microcosmo que somos nós, também um verdadeiro Universo, ainda não devassado pelos recursos da mente racional.

Quando o homem alcançar o perfeito equilíbrio entre os fatores da mente e da emoção, ele se tornará imortal, se divinizará, pois começará atuando nele, em toda a plenitude, seu princípio superior, seu espírito, que é uma partícula da própria Divindade.

O equilíbrio desses valores é que nos levará a conhecer o verdadeiro Deus, que é o perfeito estado de Justiça.

CAPÍTULO VIII

COMO CONDUZIR O JOGO DA ALMA para ampliar o grau de consciência

Já sabemos que somos constituídos por vários corpos animados por uma Consciência que, por ser partícula da Divindade, possui todos os atributos de Deus – onisciência, onipotência e onipresença. Estes valores estão ocultos pela psique, ou seja, pela alma, que é formada pelo emocional e pelo mental em seus vários níveis.

Vimos, também, o reflexo da Lei da Polaridade nos componentes da alma: Vontade – Mente – Emoção.

Entre estes três fatores desenvolve-se um tremendo jogo de forças que resulta no Carma do ser. Dependendo da forma como conduzimos esse jogo podemos evoluir ou involuir. O não entendimento ou o jogo errado resulta no estado de sofrimento, gera o drama no qual o ser humano está envolvido.

Quando compreendemos o mecanismo desse jogo de forças, vemos que a coisa é simples. Do ponto de vista mental é, na verdade, tão simples, tão trivial, que a mente começa armando uma de suas ciladas. A mente começa logo sugerindo "Bem, tudo isso eu já sei, e daí?" O problema é que a simplicidade é só exterior e o que o mental quer é não se aprofundar, porque assume responsabilidade para executar.

Uma das grandes provas que o candidato tem de superar quando se dispõe à auto-realização é justamente a simplicidade aparente dos requisitos.

Para entender o jogo dos fatores da alma é preciso distinguir entre Vontade Desejo e Vontade Força de Vontade.

Quando digo "Tenho vontade de ir ao cinema" é desejo.

Quando digo "Não vou ao cinema porque preciso estudar" é Força de Vontade.

Quando expressamos uma Vontade Superior, normalmente não empregamos a palavra Vontade. A não identificação do sentido exato desta palavra dificulta a algumas pessoas o entendimento do jogo da alma. Vontade desejo é aquela que leva o homem à satisfação de um prazer imediato. Vontade Superior é aquela que leva o homem a agir de acordo com os ditames de sua consciência.

Vamos analisar o esquema ideal de funcionamento:

Para resolver qualquer problema existencial, sem recalque, preciso desenvolver um processo. Recalque é justamente jogar o problema para a área do inconsciente sem enfrentá-lo e deixá-lo continuar atuando de lá de dentro, porque a gente esconde mas não se liberta dos princípios que perturbam.

Digamos que se queira controlar um vício – bebida, tóxico, fumo...

1. Injetar o problema no mental. Estudá-lo do ponto de vista científico, religioso, ético. Buscar elucidações a respeito do problema. Ao adquirir conhecimentos, você estará descobrindo Leis; ao descobrir Leis aumentará seu grau de consciência e caminhará na evolução.

É este o objetivo da Natureza quando a Lei coloca as dificuldades, os problemas pelo caminho dos homens. Não é para ver o homem sofrer, mas para incitá-lo a descobrir um meio de se safar das situações dolorosas, incômodas. É assim que a humanidade vem progredindo de maneira inconsciente. Procurando remover as coisas que a incomodam e buscando novas formas mais cômodas e mais confortáveis. Após adquirir o conhecimento, o homem deverá entrar com a argumentação. Deverá apresentar todos os argumentos possíveis no sentido de convencer-se de que não deve continuar no vício, por exemplo, ou, em outros casos, porque deve fazer tal coisa, porque deve tomar tal atitude etc. Se, neste caso do vício, depois desta argumentação, agora com conhecimento de causa, o indivíduo ceder e persistir, se se deixar levar pelo desejo, ele sofrerá conseqüências imediatas e remotas, conseqüências essas que a Teosofia chama de Carma. As conseqüências imediatas ele recebe logo, entre outras, as ligadas à saúde, e as remotas, como conseqüências futuras, no plano físico e psíquico. Se não atende às colocações da razão, vai enfraquecendo a consciência e vai alimentando a emoção. Cada vez que não se ouve a voz da razão, vai se diminuindo o campo da Vontade e, automaticamente, vai se ampliando o campo do desejo. Este desequilíbrio resulta em Carma negativo, que é sinônimo de sofrimento.

Existem inúmeros aspectos deste jogo de forças dentro da alma a serem abordados, mas quero chamar a atenção para um ponto que é interessante.

1. De posse de um problema o homem sofre.

2. Para resolver um problema, sofre. Esta fase da resolução é sempre dolorosa, é a fase da dúvida. É tão dolorosa que o homem procura sempre fugir dela. O homem não enfrenta seus problemas de frente, ele procura jogar tudo para o inconsciente, recalca, mas continua envolvido no problema, portanto dentro do sofrimento.

3. Caso resolva enfrentar o problema, ele tem duas possibilidades:

a) resolver errado e sofrer as conseqüências imediatas e remotas;

b) resolver certo, quando também sofre. Sofre a renúncia do desejo. O rompimento de um esquema sempre provoca dor. O esforço para ultrapassar o desejo ou os reclamos da egoidade, causa grande perturbação interior, estado que experimentamos muitas vezes ao longo do caminho da auto-realização, ou seja, da evolução.

4. Então parece que o homem está sempre preso por ter cão e preso por não ter cão. Para sair deste jogo do sofrimento, para encontrar sua libertação, o homem tem apenas uma frestinha, apenas uma pequena possibilidade de entre milhares de outras que o levam sempre para o caminho da insatisfação interior. Por isso é que lá na Bíblia está: "Estreita é a porta e apertado o caminho que conduz o homem à salvação".

Vejamos como funciona:

Se resolvo errado, sofro duas vezes - imediatas e remotas.

Se resolvo certo, sofro apenas uma vez. Sofro aquele esforço para manter o equilíbrio psíquico mas adquiro Carma positivo cujo sinônimo é felicidade, paz.

Este é o grande jogo da alma humana.

Se o homem aprende, isolando a emoção e sabendo encontrar a medida justa para suas reações, encontra a paz.

Se não aprende ou não tem a força, encontra o sofrimento, a insatisfação.

Resumindo: Devido aos condicionamentos que trazemos estamos acostumados a reagir de forma emocional, em busca de um prazer imediato. Só conseguiremos ultrapassar se pusermos em funcionamento um processo:

1. Colocar o problema no mental, adquirir conhecimento e descobrir Leis;

2. Entrar com a razão e identificar a medida justa, através da argumentação;

3. Ouvir a voz da Razão;

4. Fazer o que a Razão achar justo, à custa da Vontade, mesmo que custe grande esforço.

Isto é que se chama agir de acordo com o grau de consciência.

D.S. Vol. V, p. 532 – "Razão é algo que oscila entre o certo e o errado. Mas Inteligência – Intuição – é superior, é a visão clara". – "A Mente Superior governa a Vontade; a inferior transforma a Vontade em Desejo egoístico."

Otto Rank (1884-1939), psicanalista austríaco: "O ser humano experiencia sua individualidade em termos de sua Vontade, e isto significa que a sua existência pessoal é idêntica à sua capacidade de expressar sua Vontade no mundo".

William James (1842-1910), psicólogo e filósofo norte-americano: "Seja sistematicamente heróico em pequenos pontos desnecessários; faça todos os dias alguma coisa, sem nenhuma outra razão a não ser a sua dificuldade, de modo que, quando necessitar da Vontade para algo sério, ela esteja fortalecida".

Existem técnicas psicológicas que ajudam muito a encontrar o caminho da vitória nesta luta interna, não só no sentido de impulsionar a Vontade, mas, também, no de neutralizar outras problemáticas psíquicas: a Neurolingüística de John Grinder e Richard Bandler; o treinamento autógeno de Schultz; as várias linhas de "O poder do pensamento".

Vale a pena procurar conhecê-las.

CAPÍTULO IX

QUAL A CAUSA FUNDAMENTAL DO STRESS?

Fundamentalmente, o STRESS é um esforço do organismo para manter o equilíbrio diante de determinadas situações agressivas.

O equilíbrio é regulado por dois fatores fisiológicos: sistema nervoso e sistema glandular.

O sistema nervoso recebe os impactos externos, através dos sentidos e, por ele, circulam também as reações internas, de natureza psíquica. O cérebro decodifica, interpreta e direciona a resposta. Em correspondência com a interpretação dada ao estímulo, são gerados hormônios que vão relaxar, trazendo estados de calma, ou que vão provocar tensão, trazendo estados conturbadores.

Quando o homem é submetido a uma situação de tensão real, situação de medo, por exemplo – digamos que ele esteja na iminência de ser atropelado por um carro, ou sofrendo um assalto – naquela fração de segundo, surgem na corrente sangüínea determinados hormônios, como adrenalina e outros corticóides da supra renal, hormônios que solicitarão reações nervosas definidas, que geram um quadro todo particular – taquicardia, angústia, palidez. Isto vem acompanhado de um estado de alerta que é favorável para a fuga ou para o ataque.

Estimulado por essa reação interna, o indivíduo amplia de uma maneira fantástica sua agilidade, sua força, a fim de poder safar-se da situação da maneira mais favorável possível.

Pois bem, passado o perigo, os hormônios são eliminados e o organismo volta a funcionar normalmente.

Até aí, tudo bem, reações definidas e favoráveis.

O doutor Hans Selye, fisiologista vienense, que se radicou no Canadá, desenvolveu estudos muito profundos a respeito desses tipos de reação e deu, com isso, origem a um dos capítulos mais recentes da medicina, que é o da psicossomática, primeira linha da medicina tradicional que começa considerando o homem como um todo.

Através de seus estudos, chegou à seguinte conclusão: quando o homem recebe agressões de natureza psicológica, tais como, frustrações, ofensas, ele se prepara tal como se estivesse diante de uma agressão real – gera hormônios que solicitarão uma reação orgânica.

Não conseguindo eliminar a causa, porque a causa não é nítida, esconde a causa e estratifica o estado de defesa, isto é, os hormônios continuam circulando indefinidamente, provocando reações orgânicas que vão produzir sintomas e, conseqüentemente, lesões orgânicas.

A esse estado de defesa cristalizado, o Dr. Hans Selye deu o nome de *stress* e, a esse mecanismo de reagir gerando hormônios tensionadores, a psicologia dá o nome de auto-agressão.

O *stress* não resulta tão-somente da carga de pressões exercidas pela vida, como a pressa alucinante do século XX, competições, burocracia, salários descompensados, 365 dias anuais de rotinas quando a natureza exige variedade e mil outras tensões conhecidas de cada um de nós. O agente desencadeador do *stress* não está nesses fatos, propriamente, mas está na forma como interpretamos, na forma como encaramos todos esses acontecimentos e na forma como conseguimos manipular nossas reações.

A Psicossomática coloca os fatores emocionais como causadores da auto-agressão e do *stress*, porque são eles que direcionam nossa interpretação dos acontecimentos que nos cercam. Este é o ponto chave de todo o processo. É necessário tomar consciência dessa verdade para podermos baixar sensivelmente o nível de *stress*.

A raiva, por exemplo, o desafeto, geram um quadro de *stress*. A vaidade, o orgulho, o amor próprio ofendido, nos levam a dar interpretações altamente ESTRESSANTES às ofensas, calúnias, maledicências de que somos alvo.

Estes valores – vaidade, orgulho, amor-próprio – nos tornam incapazes de receber censura, em qualquer medida, por mais adequada que ela seja. O perfeccionismo é um grande gerador de *stress*.

E aqui ajusta-se, a calhar, aquela historinha da tradição hindu: "Certo discípulo foi queixar-se a seu guru de que seus colegas de escola o maltratavam por ser de casta inferior. Ao que o Mestre responde: 'Filho meu, se lançares uma pedra a uma janela e esta tiver vidraça, será justo esperar que os vidros se quebrem, produzindo alarido e prejuízos materiais. Se, porém, a janela não tiver vidros, a pedra passará sem causar danos. O discípulo deve ser como a janela sem vidros. Despe-te de teu amor-próprio, de teu orgulho, de tua vaidade, que não são a verdade de tua natureza e ninguém, jamais, conseguirá humilhar-te ou ferir-te'."

Nós deveríamos assumir uma posição de imparcialidade tal, que nos tornássemos capazes de ajuizar sobre a justiça ou injustiça dos acontecimentos de maneira neutra. Deveríamos ser capazes de tomar todas as providências necessárias, com um mínimo possível de envolvimento emocional. A *serenidade* é uma das Leis da Psicossomática.

Para mudar a maneira de interpretar e para aprender a controlar as reações emocionais agressivas, precisamos conhecer melhor as possibilidades do pensamento humano.

É no controle da mente e no poder do pensamento bem direcionado que está a chave para a libertação do *stress*. Este assunto está detalhadamente desenvolvido no livro *Equilíbrio Pessoal* de minha autoria. Você fica sabendo como funciona a mente e como direcioná-la construtivamente.

CAPÍTULO X

CONSIDERAÇÕES SOBRE A EMOÇÃO

Uma vez que, em termos de mente e emoção, somos muito mais emoção, vamos procurar conhecer mais alguns de seus aspectos:

1. A emoção dificulta a calma da matéria mental. Ela é que convulsiona. Não há perturbação senão quando a emoção se movimenta.

2. A emoção dificulta a colocação do pensamento ordenado. Impede o controle das imagens. Leva à dispersão.

3. A psicologia afirma que a emoção é que determina a estruturação da personalidade.

Essas considerações nos levam à necessidade de analisar a emoção e ver bem o seu papel no jogo da alma.

Para conseguir um equilíbrio, precisamos reformular nossas atitudes em relação à emoção:

1. O máximo de atenção que devemos dar às emoções desequilibrantes, perturbadoras, é a de que são elementos necessários porque provocam a dinâmica interna que resulta na evolução. Ao nos desequilibrarem, estão cumprindo seu papel. Devemos nos manter num comportamento calmo aconteça o que acontecer ao nosso redor. A frase de Huberto Rhoden pode ser aplicada a inúmeras situações conflitantes: "O mal que os outros me fazem, não me faz mal algum, mas o mal que eu faço aos outros, esse sim é que me faz mal."

2. Temos vivido em função dos impulsos, dos reclamos da emoção. Agora, devemos passar a observar imparcialmente, sem envolvimento emocional. Ser uma segunda pessoa que pode ajuizar sobre a *justiça* do acontecimento. Eu estou perturbado, mas será que tenho razão ou será que a razão está do outro lado?

3. A atitude saudável diante de estímulos ligados ao apego, ao desejo, à egoidade, nome que, como vimos, a Teosofia dá ao conjunto – orgulho, vaidade, amor-próprio, ciúme, inveja etc. – é difícil de explicar. É um passar por cima da reação imediata e ver o que a Natureza busca ensinar através da reação. Não é deixar de sentir. Desde que houve um estímulo, haverá uma reação. Só uma pessoa muito equilibrada, um adepto, não sentirá, porque está além do jogo. Ou, então, um desequilibrado. um louco, um alienado. É preciso esclarecer bem que não é uma atitude estóica, não é um "deixa pra lá", não é partir para um existencialismo. Não é "Não vou sentir para não sofrer e fugir do assunto". É "Vou sentir, vou ser autêntico em relação à sensação, mas vou adquirir capacidade de conduzir a reação de forma consciente". É uma atitude ativa em busca de uma solução.

4. Na dinâmica dos elementos da alma – Vontade, Mente e Emoção – não devo considerar a emoção como detalhe. A fundamentação desta afirmativa está na Psicocibernética, cujo conteúdo apresento no meu livro *Equilíbrio Pessoal* citado anteriormente. Teosoficamente, a emoção é constituída por forças energéticas que estão em sintonia com o nosso estado emocional, portanto, se pensarmos na causa da emoção, ficaremos cada vez mais envolvidos dentro dela. Para sair é preciso empregar a Vontade. Digamos que estejamos deprimidos porque alguém nos ofendeu. Na dinâmica, a reflexão deve estar no jogo entre Razão e Vontade e não no estímulo emocional. Não se deve pensar, por exemplo: por que será que tal pessoa me ofendeu, ou outras cogitações do mesmo teor. Devo pensar: sinto-me calmo e tranqüilo e, dentro deste estado, vou procurar resolver a situação, seguindo o processo exposto no capítulo anterior, quando procuramos apresentar um esquema.

Acontece que a problemática não é simples, é complexa. Para aplicar o esquema a casos reais, devo recordar certos dados sobre o funcionamento da emoção:

1. No estágio atual, como foi visto, a emoção é polarizada. No seu desequilíbrio, ela tem duas funções: estimulante, quando incita a buscar a coisa, a fazer a coisa; ou inibidora, quando não quero fazer certa coisa, ou quando quero e não consigo.

2. Os problemas com os quais nos defrontamos podem ser de duas naturezas – objetivos ou subjetivos:

• Quando são *objetivos*, assim que tomo conhecimento, consigo trazer todo o quadro correlato para o consciente e consigo manipular o esquema. Por exemplo: perda de um emprego – analisar se justo ou injusto, que lições tirar etc. Existem, todavia, estímulos que, apesar de objetivos, são muito complexos – fumar, beber, jogar, entorpecentes, ciúmes etc. Procurar seguir o processo. Inteirar-se dos fatos. Adquirir conhecimento, argumentar. Relacionar dados éticos, estéticos, lógicos e sociais.

A correção para qualquer tipo de problema emocional objetivo, nem sempre pode ser drástica. Instalaram-se por condicionamento, por doses progressivas. Existem, pois, dois caminhos fundamentais:

a) Sempre que a influência emocional for estimulante, há necessidade de diluição, da inversão do condicionamento, passando a fazer cada vez um pouco menos.

b) Sempre que a influência for inibidora, fazer cada vez um pouco mais.

Acompanhei um caso de dificuldade afetiva para com os pais. A pessoa adquiriu conhecimentos e analisou – choque de valores, desejo de libertação, falta de comunicação adequada por parte dos pais. Pela argumentação, concluiu que o certo seria relacionar-se bem. Elaborou um plano de ação. Começou com toques, pequenos diálogos, até vencer por completo. Houve esforço e, até certo ponto, dor – isso para conseguir amar.

• Quando são *subjetivos*, inconscientes, não conseguimos trazer o quadro de correlações internas. Exemplos: insegurança, medo, fobias, problemas na área da sexualidade – excessos, desvios, inibições – e outros. São muito difíceis de lidar diretamente. Há necessidade do apoio de um especialista. Escolher um profissional competente. Não se conformar de permanecer com o problema,

UMA CURIOSIDADE SOBRE A EMOÇÃO

Cientificamente, o que provoca reação emocional é um movimento no sistema glandular. A reação surge quando acontece algo inesperado em relação ao esquema previsto. Isso tanto para reações positivas quanto para negativas.

Achamos graça numa anedota quanto mais o desfecho esteja fora da expectativa, quanto mais incoerente em relação aos conceitos estabelecidos. As anedotas são sem graça quando o desfecho se aproxima da realidade.

O mesmo acontece com as emoções violentas. A emoção violenta sempre provém de uma frustração. É sempre o rompimento de uma expectativa. Espero que aconteça alguma coisa e não se dá.

As grandes emoções delicadas também são produto do inesperado. Por exemplo, no dia das Mães, a pessoa sente uma determinada emoção diante daqueles que sempre se lembram e outra quando, inesperadamente, surge alguém que vem externar que a considera como Mãe. Por isso, para manter o elã dentro do relacionamento afetivo, é necessário criatividade. Pequenas surpresas. Imaginar, planejar gestos fora da expectativa.

Observação: Para entender melhor a complexidade da emoção, ler como a mesma se estrutura no livro *Equilíbrio Pessoal,* de minha autoria.

CAPÍTULO XI

UMA PINCELADA SOBRE A COSMOGÊNESE

Para entender melhor certas colocações que já foram feitas, vamos apresentar um apanhado sobre a cosmogênese.

Antes que haja Universo, preexiste um Princípio Eterno que condensa, dentro de Si, todas as potencialidades do mundo objetivo. Entre os Teósofos esse Princípio é conhecido como a Substância.

No *Livro dos Números*, caldaico, a Substância recebe o nome de Alma Flamejante do Pelicano,[9] comparação que está registrada na *Doutrina Secreta*,[10] Estância III – Sloka 8.

Este mesmo simbolismo é empregado pelos maçons e pelos rosa-cruzes que representam o Pelicano a descarnar o próprio peito para alimentar seus sete filhotes. Essa é uma imagem perfeita do princípio Eterno, que se encontra no estado de inércia ativa, o qual tira de si mesmo a substância vital para formar o Universo, que se estrutura em etapas setenárias.

---

[9] Ave aquática de plumagem branca. Chegam a ter um metro e dez de comprimento. Possuem um volumoso saco membranoso formado pela mandíbula inferior e nutrem os filhotes por regurgitamento. Existe um símbolo heráldico que representa o pelicano em seu ninho alimentando os filhotes com seu próprio sangue.

[10] H.P.B.: "O ovo foi introduzido como elemento sagrado nas cosmogonias de todos os povos do mundo – pela forma e pelo mistério da vida. Aquilo que de um nada latente se transforma em algo ativo, sem atuação externa, aparente, exceto o calor, parecia, ao primitivo, um milagre. No início, a Causa Primeira não tinha nome. Mais tarde, na imaginação dos pensadores surgiu a idéia de que Ela seria uma grande ave que botava um ovo no caos e esse ovo produziria o Universo."

Toda a citação da *Doutrina Secreta* refere-se à edição de Adyar de 1962, em inglês.

Helena Petrovna Blavatsky – H.P.B. – com base em uma simbologia antiqüíssima, registrada em folhas de palmeira impermeáveis, descreve, da seguinte forma, os quatro estágios fundamentais da manifestação:

○ – O primeiro símbolo é um círculo perfeito, representando o Eterno, ou seja, a substância, com todas as possibilidades do vir a ser.

⊙ – O segundo é um círculo com um ponto no centro, representando a primeira diferenciação.

⊖ – O terceiro é um círculo com um diâmetro, representando a divisão cósmica, a polarização.

⊕ – O quarto é um círculo com uma cruz inserida, representando o produto do cruzamento entre os dois pólos do Universo.

Vamos ver o surgimento do Universo segundo a tradição hindu, procurando relacioná-la com os símbolos de H.P.B. e, ao mesmo tempo, observar a variedade de nomes aplicados à mesma etapa cósmica e, isto, só dentro da filosofia hindu.

Em um dos livros da filosofia hindu, o *Manava Dharma Shastra*, conhecido como o *Código de Manu*, temos a seguinte explicação para a formação do Universo:

"O Espírito de Vida – ou seja, a Substância (○) – penetrando no ovo da matéria virgem (⊙), como germe eterno que se faz germe periódico, fica incubando durante cem anos divinos, depois dos quais nasce Brahmã. Brahmã divide seu corpo em duas partes (⊖) – parte superior, solar, masculina, que é o próprio Brahmã, e parte inferior, lunar ou feminina, que é Vach, o Verbo, a palavra. E Brahmã gera em Vach o Filho, o Universo Ativo (⊕)".

Quer dizer que, numa quarta fase do Universo, Pai e Mãe se unem, o Pai representado pela linha ativa e vertical e a Mãe pela linha passiva e horizontal, formando a Cruz do Mundo, o Universo Ativo, o Filho, o Demiurgo, o Construtor, o Supremo Arquiteto dos Maçons.

Procuraremos detalhar mais essas quatro fases da manifestação:

○ — O círculo já citado como Espírito de Vida e Substância, ainda dentro da filosofia hindu, é conhecido pela palavra sânscrita Parabrahm. Aquele que está além de Brahmã, o Absoluto, Aquele que não tem atributos, de cuja essência tudo emana e que a tudo impregna, desde o mais elevado de entre os Seres Hierárquicos até o mais ínfimo átomo material.

H.P.B. – "Parabrahm, o Desconhecido e Incognoscível, não é o Ego, não é o Não-Ego, nem tampouco a Consciência, não é Atmã sequer... mas ainda que não seja em Si um objeto de conhecimento é, sem dúvida, capaz de sustentar e dar lugar a todas as coisas e classes de existências que se convertam em objeto de conhecimento. É a Essência Una, da qual nasce para a existência um centro de Energia que se chama Logos". Subba Row, grande estudioso da Vedanta, em seu livro *Notas sobre o Bhagavad Gita*, confirma a idéia de Parabrahm dar surgimento ao Logos, nos seguintes termos: "Parabrahm (○) é a Essência da qual surge para a existência um centro de energia que chamarei, por enquanto, de Logos (⊙). É chamado o Verbo pelos cristãos, e é o divino Cristo que é eterno no Seio de seu Pai. Em quase todas as doutrinas está presente a formulação da existência de um centro de energia espiritual que nunca nasceu e é eterno e que existe no seio de Parabrahm durante os períodos de repouso, conhecidos como Pralaya, e inicia como um centro de energia consciente no período de atividade cósmica".

⊙ • Esse centro de energia, representado por H.P.B. pelo círculo com o ponto no centro e citado por Subba Row como Brahmã, é o aspecto masculino do Criador e existe periodicamente quando o Universo se manifesta e deixa de existir no grande repouso Universal, conhecido como Pralaya.

⊖ • O círculo com o diâmetro, que recebeu de Subba Row o nome de Vach, é também conhecido pela palavra sânscrita Vishnu, que provém da raiz "Vish" que quer dizer atravessar. É o aspecto feminino da Criação e é, tal como foi visto na transcrição do Manava Dharma Shastra, "UMA" com Brahmã que a criou pela divisão de seu próprio corpo. Seria a Mãe do Universo.

⊕ • O círculo com a cruz interiorizada é também conhecido pela palavra sânscrita Shiva. É o construtor, aquele que destrói em um determinado plano para poder reconstruir em um plano superior. Seria o Filho, com todo o jogo cármico da Criação.

Quando o estudante se dispõe a pesquisar, dentro das várias tradições, a origem do universo, ele se confunde sobremaneira, em virtude da grande quantidade de nomes aplicados a uma mesma etapa.

Por exemplo:

○ Substância, Parabrahm, Absoluto;

⊙ Brahmã, Logos, Verbo dos Cristãos, Pai do Universo;

⊖ Vishnu, Vach, Mãe do Universo;

⊕ Shiva, Demiurgo, Construtor, Supremo Arquiteto, Filho.

Brahmã, Vishnu e Shiva, por exemplo, se constituem na Trindade hindu, da filosofia védica. A trindade é um arquétipo[11] que surge em todas as tradições e, em cada uma, recebe nomes diferentes.

São exemplos:

Egípcia	*Caldaica*	*Brasileira*	*Cristã*
Osíris	Anu	Tupã	Pai
Ísis	Hea	Ceci	Filho
Horus	Bel	Coaraci	Espírito Santo

[11] Arquétipo - O conceito de arquétipo deriva da observação de que os mitos e os contos da literatura universal encerram temas bem definidos que reaparecem sempre e por toda a parte.

Hebraica

Kether – a coroa simbolizada por um Rei-ancião de perfil e só com uma face;

Cochmah – sabedoria – simbolizada por um homem de barba;

Binah – entendimento – mulher madura chamada Jeovah Elohim.

Grega - Mitologia

São conhecidas como as três Normas ou Parcas que fiavam eternamente.

Clotho – a primeira que sustinha a roca – A Vontade do Eterno que mantém tudo;

Laquesis – a segunda que fiava – A Atividade;

Atropos – a terceira, que cortava o fio. Dava por terminado o trabalho, ou seja, a aquisição de Consciência ou Sabedoria.

Em virtude dessa quantidade de nomes, ao estudar, devemos procurar, inicialmente, nos desligar dos nomes e nos fixar na função de cada etapa. A filosofia que melhor situa a função ao dar o nome às etapas é a Cabala. Dentro da Cabala, conforme está registrado no Sepher-Há-Zohar, também são quatro os momentos da Criação, considerados como os quatro Mundos. De acordo com o que vimos fazendo, passaremos a apresentá-los em correspondência com os símbolos de H.P.B.:

1. Mundo dos Princípios ○
2. Mundo das Causas ⊙
3. Mundo das Leis ⊖
4. Mundo dos Efeitos ⊕

Esta nomenclatura, que é adotada pela Teosofia de uma maneira geral, ajuda o entendimento. Cada um dos quatro mundos tem uma característica particular e uma função específica que está bem expressa nessa classificação. É difícil de descrever estes momentos da cosmogênese de forma didática, porque são processos concomitantes e que estão presentes, sempre, em todas as coisas e em todos os eventos. É a onipresença de Deus. Todos os momentos têm estes quatro estágios. Um Princípio, sem o que nada existiria, uma Causa ou seja, uma idéia de Deus e uma Lei regendo a relação entre a Causa e o Efeito.

Vamos acrescentar mais alguns dados para esclarecer melhor o desencadear do Universo.

○ — Mundo dos Princípios, a Substância, ou Parabrahm, é aquele princípio que preexiste e que traz dentro de si, em perfeito equilíbrio, tudo o que é necessário para criar o Universo. É conhecido também como 1º Trono.

⊙ — O Mundo das Causas, Brahmã ou Logos, também conhecido na Teosofia como Sol Oculto, é aquele momento em que surge o primeiro vórtice dentro da Substância e que vai delimitar o espaço. Brahmã é a potencialidade de tudo aquilo que virá a ser. É a passagem da estabilidade para a instabilidade. É o ovo colocado pela ave Kalahansa, ou seja, por Parabrahm, aquele Princípio que está fora do tempo e do espaço. Em Brahmã dá-se o aumento da tensão das energias contidas em Parabrahm e que vão explodir dando surgimento ao Universo. Essas energias têm determinadas características conhecidas pelos iogues com o nome de Gunas e que, segundo H.P.B., com base na filosofia Sankya, são qualidades inerentes às energias que modelam a matéria:

• *Sattva* correspondendo ao repouso dentro da Divina Sabedoria e que, na estruturação da matéria, opera com a força centrífuga.

• *Rajas* correspondendo ao movimento, à atividade, à vibração.

• *Tamas* correspondendo à inércia e que opera com a força centrípeta.

Em virtude das sete potencialidades das Gunas, ou seja, das sete gradações em que podem operar, surgem os sete átomos Primordiais, que vão delinear os sete planos da matéria.

Alice Bailey, no seu *Tratado sobre Los Siete Rayos*, diz: "A vida é a síntese de toda a atividade, atividade que é a mescla de muitas energias, porque a vida é a soma total das energias dos sete Sistemas Solares, dos quais nosso Sistema Solar é um".

Brahmã é o Mundo das Causas porque é Ele que elabora o plano arquetipal. Corresponde, na nomenclatura Teosófica, ao 1º Trono. É a possibilidade de transformar o Não Ser em Ser, o incontingente em contingente. É o nucléolo por onde eternamente fluem as energias necessárias para manter a integridade do Universo.

⊖ — Vamos procurar agora conhecer a mecânica desses Mundos Cósmicos, percebendo a função do Mundo das Leis, que corresponde, na nomenclatura Teosófica, ao 2º Trono.

Cada Causa é regida por uma Lei para que resulte num Efeito organizado aqui no Mundo da Manifestação. Sem Leis, o Mundo dos Efeitos seria um caos. No entanto, existe harmonia até mesmo nos fenômenos aparentemente desequilibrados, como cataclismos, enchentes etc. São controlados pelas leis que regem os ciclos de transformação.

O Mundo das Leis funciona como um filtro por onde passam as Causas. O Universo progride através de impulsos de Causa e Efeito.

Obedecendo a uma das Leis Universais, toda a Causa, dentro do plano Arquetipal, para se projetar, se polariza. Ao polarizar-se, aquilo que ela projeta é o seu oposto. Para projetar o oposto, a Causa precisa de um ponto para se espelhar. Esse ponto é a Lei – daí o símbolo da ampulheta ser tão significativo. A soma destes pontos é que se constitui no Mundo das Leis, também conhecido como 2º Trono. Tudo no Universo é regido por Leis. O fato de um objeto cair quando largado no espaço é Efeito. A verdade mesmo está no conjunto de Leis ligadas ao princípio da Gravidade e que são o 2º Trono.

Quando percebemos que cada movimento no Mundo dos Efeitos tem uma Causa regida por uma Lei, compreendemos a afirmativa esotérica de que o 2º Trono está em toda a parte e existe sem existir. O 2º Trono é um estado de relação, é um estado de ser.

Vejam bem, o 2º Trono não é um lugar. Existe uma tendência de se pensar em um lugar fora – céu, inferno, purgatório. Difícil perder a idéia de um Deus fora, nos céus. A Substância, Parabrahm ou Deus é tudo e está em tudo. O Deus das religiões é elaborado dentro das limitações do mundo dos fenômenos. É um Ser que possui corpo, posição no Universo, habita o Céu. Reage com impulsos, castigando, premiando, perdoando, critérios finitos, relativos.

A idéia de um Deus – pólo positivo – à parte, externo, implica um Diabo – pólo negativo – externo, o que estabelece entre ambos um antagonismo. Isso impede o homem de realizar a reintegração desses dois princípios. No entanto, o objetivo da evolução é o de reconciliar esses pólos.

⊕ — Aqui no Mundo dos Efeitos, também conhecido como 3º Trono, só conhecemos os efeitos. Pelos efeitos os cientistas procuram descobrir as Leis que regem os fenômenos. Nossa Consciência está focada no 3º Trono. Através do desenvolvimento interior vamos conseguindo transferir a Consciência para outros planos. É uma transferência muito diferente da provocada pelos alucinógenos. Estes levam para o plano astral através do rompimento da rede vital, conforme veremos no capítulo XIII, facilitando infiltrações do astral e prejudicando a evolução normal da pessoa. Como o alucinógeno dá uma vivência emocional e desfoca o mental, diluindo toda a problemática existencial, então, o indivíduo tem aquela ilusão de satisfação e quer repetir. Mas o certo é haver uma transferência da Consciência de forma consciente, através da sutilização dos centros de força onde, em nosso corpo físico, se refletem as energias cósmicas.

Confirmando tudo o que foi dito sobre o Universo, temos as palavras de Einstein:

"No instante zero do Universo, toda a matéria e toda a energia estavam concentradas em um único ponto de densidade infinita. O espaço e o tempo estavam dobrados, fechados sobre si mesmos. Nesse momento, o Cosmo explodiu dando início a uma expansão que ainda está em curso, onde as galáxias e as estrelas se afastam continuamente umas das outras. O Universo torna-se mais rarefeito e a matéria e a energia mais diluídas. O movimento torna-se mais livre num espaço-tempo mais distendido, de curvatura mais suave. Essa expansão poderá continuar indefinidamente ou pode se interromper em determinado momento, arrastando mais uma vez o Cosmo a um estado primordial e ao renascimento".

CAPÍTULO XII

COSMOGÊNESE
NOVOS DETALHES DENTRO DO PANORAMA GERAL

A Substância Primordial, que projeta de Si o Universo, é que é o Universo em várias fases durante o período de atividade chamado Manuântara. É como se fosse o proprietário de uma empresa executando, ele mesmo, as várias funções exigidas.

Esse princípio, essa Substância chamada Parabrahm, é que toma a posição de Sol Oculto, depois a situação de Vishnu e de Shiva etc. Parabrahm pode fazer isso sem alterar-se, sem prejudicar-se porque ele não é uma quantidade. De uma quantidade, se tirarmos uma parte, sempre fica faltando alguma coisa. Acontece que Parabrahm não é uma quantidade, ele é um estado de ser. Um estado de ser em cada etapa da vida Universal. Em cada momento, todas as potencialidades de Parabrahm estão presentes, apenas diferenciadas para fins de função. Essa é a onipresença de Deus.

O Eterno, que é a Unidade, se polariza. A Criação só é possível através da dinâmica entre dois pólos.

Surgem então os princípios potenciais do Espírito e da Matéria, conhecidos na literatura védica como Purusha e Prakriti. Purusha compreende estados de consciência Cósmica manifestada, é o Espírito que paira sobre a Criação, impregnando tudo; e Prakriti compreende os substratos da manifestação, as formas de que se revestem essas consciências para poderem se objetivar.

Purusha e Prakriti não podem subsistir um sem o outro porque se constituem em uma polaridade dialética. O que acontece é que, ao longo da manifestação, existe predominância ora de um, ora de outro.

Quando se dá a polarização, dentro de Brahmã surge um turbilhão que se espalha na forma de uma névoa e a matéria se subdivide, pela ação das Gunas, em pequenas partículas que poderíamos chamar de átomos primitivos, ou primordiais.

Esses átomos se constituem no pó dos mundos, a poeira sideral. Acontece que, pela ação das Gunas, que têm potencialidade setenária, conforme vimos no capítulo XI, Purusha e Prakriti são, também, de natureza setenária, de maneira que esses átomos se diferenciam em sete tipos e vão se constituir na base dos sete planos cósmicos, diferenciados em densidade. Através de um esquema setenário, vão sendo elaboradas espirais descendentes dentro da gama vibratória, conduzindo a matéria do mais sutil para o mais denso.

D.S. Estância VI:2 – "O Radiante e Veloz "Um" produz os Sete Centros de matéria indiferenciada, contra os quais nada prevalecerá até o Grande Dia "Sê conosco"; e assenta o Universo nestes fundamentos eternos, rodeando nosso Universo com os Germes Elementares, que são os átomos da Ciência".

Estes átomos delineados por Purusha e Prakriti permaneceriam calmos e tranqüilos, não fosse a atuação de Fohat, que é o conjunto ativo de Sattva e Rajas e que, fazendo parte do vórtice inicial, que emana do Sol Oculto, ou seja, de Brahmã, tem a função de impulsionar os átomos para que vão se tornando cada vez mais densos, sempre controlados pela atuação das três Gunas:

Sattva – força centrífuga;

Rajas – o movimento, a vibração;

Tamas – força centrípeta, É a força que se opõe à expansão. É a energia cuja tendência é delimitar os processos, completando, dessa forma, os ciclos menores e maiores, que voltam ao repouso chamado Pralaya para, depois de um determinado tempo, novamente ter início um Manuântara, ou período de atividade, o que se dá por novo impulso de Fohat.

Segundo H.P.B., "A evolução do Universo tem início com a energia intelectual do Logos. Esta energia intelectual, ou seja, essa luz do Logos, é o elo de ligação entre a matéria objetiva e o pensamento do Logos. Recebe em vários livros budistas o nome de Fohat. Este é o instrumento de que se serve o Logos para trabalhar.

Fohat é a essência da eletricidade Cósmica, a Força Vital. No mundo manifestado é a sempre presente energia elétrica, o poder tanto destrutivo quanto construtivo".

A primeira fase da manifestação é um processo de expansão, pois há predominância de Fohat, que contém Sattva e Rajas. A Sankya há sete mil anos já afirmava que o Universo estava em expansão. A astronomia, hoje, confirma isso dizendo que as galáxias se afastam à velocidade de 60.000 km por segundo de um ponto celeste, situado junto à estrela Sirius. Caminham para a faixa do vermelho, em direção a Vega, portanto, ainda descendo para o mais denso.

Os dois princípios já citados no capítulo anterior, Brahmã e Vishnu, poderemos chamar de Pai e Mãe Cósmicos, porque deles vão sair os construtores do Universo.

D. S. Estância III: 10 – "Pai e Mãe tecem uma teia cuja parte superior se prende ao espírito, à Luz na Escuridão, e cuja parte inferior se prende a sua extremidade sombria – a matéria. Esta teia é o Universo, tecida com as duas Substâncias, que são "Uma", a Substância Primordial, conhecida na filosofia hindu como Svabhavat".

Svabhavat é palavra sânscrita e significa o Espírito, a Essência da Substância.

Para direcionar essa matéria informe surgem os primeiros seres Cósmicos, os Construtores, os Arquitetos, que recebem, no Budismo Esotérico, o nome de Dhyan Chohans, filhos dos Pai e Mãe Cósmicos e, por serem todos "Um", são Seres Autogerados com a finalidade de cumprirem funções dentro da estruturação do Universo. São esses seres surgidos do segundo trono, do Mundo das Leis, que vão pôr em prática nos planos da manifestação, as idéias arquetipais que estão contidas na Lei Divina.

Segundo H.P.B.: "Dhyan Chohans é uma palavra sânscrita que significa "Os Senhores da Luz". São os mais elevados "deuses", correspondendo aos Arcanjos do Catolicismo Romano. São inteligências Divinas incumbidos da supervisão do Cosmos".

D. S. Vol. II, p. 204 – "Estes Seres são os Filhos da Luz, porque eles emanam daquele infinito Oceano de Luz, ao mesmo tempo em que são autogerados dentro dele, sendo que um dos pólos desse Oceano é puro Espírito perdido na plenitude do Não-Ser, e o outro pólo, a Matéria na qual se condensa, cristalizando em tipos cada vez mais e mais grosseiros, ao passo que desce para dentro da manifestação. Portanto, a matéria, apesar de ser, num sentido, apenas sedimentos daquela Luz cujos Raios são as Forças Criativas, ainda assim, traz dentro de si a presença total do Espírito, ou seja, daquele Princípio que ninguém – nem mesmo os "Filhos da Luz", derivados de sua Escuridão Absoluta - jamais conseguirá conhecer".

D. S. Vol. V, p. 208 – "Por essa razão, conforme corretamente afirmado – se o Universo como um todo é projeção da Eterna Substância Una, ou Essência, não é essa Essência Eterna, a Divindade Absoluta, quem constrói as formas; isto é feito pelos primeiros Raios, os Anjos ou Dhyan Chohans, que emanam do Elemento único, o qual, tornando-se periodicamente Luz e Trevas, permanece eternamente na Raiz do Princípio, a única desconhecida, se bem que a única Realidade existente".

D. S. Vol. II, p. 202 – "No que respeita à questão dos "Sete Governadores", que Hermés chama de "Sete Construtores", os Espíritos que guiam as operações da Natureza, e dos quais os átomos animados são a sombra ..."

D.S. Vol. V, p. 128 – "Basilides falava em sete Aeons, coortes de anjos que brotaram da Substância do Supremo".

D.S. Vol. V, p. 208 – "Na Cabala caldaica ou judaica, o Cosmo está dividido em sete mundos e é no segundo Mundo que aparecem os sete Anjos de Presença, ou as Sefirotes. Na doutrina ocidental eles são os Construtores e é somente no terceiro Mundo que os planetas e nosso Sistema Solar são construídos pelos sete anjos planetários, sendo que os planetas são seus corpos visíveis".

D.S. Vol. I, p. 114 -"Os Sete Senhores Sublimes são os Sete Espíritos Criativos, ou Dhyan Chohans, que correspondem aos Elohim hebraicos. É a mesma hierarquia de arcanjos da teogonia cristã".

D. S. Vol. V, p. 375 – "Dhyan Chohans, os primeiros Construtores. O espírito desses sete, coletivamente, é Atmã – um oitavo Princípio, igual ao Todo".

Os sete Dhyan Chohans, obedecendo à mecânica Cósmica, que vai se reproduzindo ao longo da descida para a matéria, também se polarizam, dando, de um lado, a consciência do Universo, e do outro a matéria atômica. Os átomos vão se multiplicando, os fenômenos vão se repetindo de uma maneira que resulta nesta multiplicidade de efeitos tal como os vemos hoje.

Com a finalidade de coordenar esse trabalho, da polarização dos Sete, surgem as Hierarquias Cósmicas, coorte de seres com funções específicas. As Forças Criadoras que estão ligadas a Purusha, mantêm a consciência dos ciclos e trazem maior quantidade de Fohat. As que estão ligadas a Prakriti, controlam a estruturação da matéria e trazem maior quantidade de Tamas, que recebe também o nome de Kundalini.

D. S. Vol. II, p. 360 – "O Átomo Cósmico Uno converte-se em sete Átomos no plano da matéria e cada um se transforma num centro de energia; esse mesmo Átomo Cósmico se converte em sete Raios no plano do espírito e em sete Forças Criadoras da Natureza, irradiando da Essência Raiz. Seguem umas o caminho da direita, outras o da esquerda, separando-se até o fim do Kalpa e, não obstante, estreitamente abraçadas. Quem as une? Carma".

D. S. Vol. I, p. 318 – "Todo o Cosmo é dirigido, controlado e animado por uma série infinita de Hierarquias de Seres Sensíveis, cada uma tendo uma missão a cumprir, e que quer os denominemos Dhyan Chohans ou Anjos – são "mensageiros" no sentido de que são agentes das Leis Universais".

D. S. Vol. V, p. 315 – "Damacio, filósofo neoplatônico do século VI d.C., repete os ensinamentos dos pagãos quando diz que existem sete séries de Cosmocratas ou Forças Cósmicas, que são polares – as superiores incumbidas de manter e guiar o mundo superior; as inferiores, o mundo inferior, o nosso mundo".

Podemos acrescentar que as Hierarquias ligadas ao Mundo Superior estão relacionadas à Consciência Cósmica e as Hierarquias ligadas ao Mundo Inferior estão relacionadas aos Tattvas. O que são os Tattvas?

Conforme a vibração emitida pelos vários Dhyan Chohans, vibração conhecida como Tanmatra, que modela energeticamente o sopro do Eterno, vão surgindo os vários Tattvas que atuam no âmago dos átomos, gerando, dessa forma, os vários estados da matéria.

Conforme a vibração do Tattva, vão sendo agrupados os átomos que lhe são afins e vão surgindo os sete planos da matéria. Esses planos se constituem nos repositórios de matéria-prima dos quais aquilo que é manifestado retira matéria para sua elaboração e manutenção.

A transmutação da matéria não é uma utopia, mas só será possível a alguém que comande os Tattvas.

São eles, do mais sutil para o mais denso:

D. S. Vol. II, p. 475 – "No Esoterismo, ou seja, entre os Ocultistas, os sete Tattvas são: Adi, ligado à matéria Cósmica; Anupadaka, vibrando no plano do Pai e da Mãe; Akasha, vibrando no plano dos Dhyan Chohans; Vayu, vibrando nos átomos dos gases; Tejas, vibrando nos átomos que produzem calor; Apas, vibrando nos líquidos e Pritivi, vibrando na matéria sólida".

D. S. Vol. II, p. 474 – "Na Natureza, encontramos sete Forças ou sete Centros de Força, e tudo parece corresponder a esse número, tal como o setenário da escala musical, do som e do espectro das cores".

D. S. Vol. II, p. 347 – O prof. William Crookes (1832-1919), grande físico inglês, falando sobre os corpos simples da química: "Nossos corpos simples, aceitos como tais, não são simples e primordiais, não apareceram por casualidade nem foram criados de modo mecânico e irregular, mas se desenvolveram de material mais simples ou talvez, de uma única matéria. Eu apenas apresento de maneira formal uma idéia que tem pairado 'no ar' dentro da ciência. Químicos, físicos, filósofos do mais elevado mérito, declaram explicitamente sua crença de que os setenta (ou aproximados) elementos de nossos livros didáticos não são os pilares de Hércules que pensamos nunca poder ultrapassar ..."

D. S. Vol. II, p. 351 – "E agora a ciência nos diz que o elemento primogênito ... o que mais se aproxima do protilo seria o hidrogênio ... o qual, por muito tempo, teria sido a única forma de matéria existente no Universo". "Protilo (*Protyle*) é uma palavra nova que vem do grego e que foi introduzida dentro da química para designar a primeira substância homogênea e primordial. Quando o protilo for aceito e reconhecido, tal como o éter invisível o era, sendo ambos necessidade lógica e científica – a química terá virtualmente deixado de existir; ela reaparecerá em sua reencarnação como Nova Alquimia, ou metaquímica".

D. S. Vol. II, p. 175 – "Quanto mais a química e a física progridem, o axioma ocultista do surgimento dos átomos primordiais vai encontrando mais apoio no mundo do conhecimento; a cada dia ganha mais terreno a hipótese científica de que até mesmo os elementos mais simples da matéria são idênticos em sua natureza, e diferem uns dos outros apenas em conseqüência das várias distribuições dos átomos na molécula ou da constituição do próprio átomo da substância, bem como da forma de vibração atômica".

O fluxo do Eterno continua, na sua íntegra, emanando continuamente de Brahmã, o Sol Oculto, com a finalidade de vivificar a Criação. Nessa função recebe o nome de Prana e será tratado no próximo capítulo.

CAPÍTULO XIII

O QUE É PRANA?

É uma das funções da energia Primordial que emana de Brahmã, ou Sol Oculto, e que vivifica permanentemente os átomos do mundo manifestado.

Quer dizer que, além das funções de Purusha que mantém a Consciência da Criação, e de Prakriti que mantém a matéria, existe um perene fluxo de vida que brota de dentro de Parabrahm através de Brahmã e cuja função é a de vivificar a matéria em todos os seus aspectos, possibilitando que cada um dos vários elementos da manifestação execute a sua específica tarefa dentro do plano arquetipal.

John Tyndall (1820-1893), físico irlandês, deixou registrado: "A energia em circulação é eternamente a mesma; ela borbota em ondas de harmonia através das idades e todas as energias da terra, todas as manifestações da vida, bem como o desenrolar-se dos fenômenos, não são mais que modulações ou variações da mesma melodia celeste".

Prana vai diferenciando seu efeito de acordo com as modalidades da constituição atômica de cada plano. É como a eletricidade. A energia é uma só, mas, em cada aparelho, produz um efeito diferente, particular.

Vejamos, de uma maneira geral, quais são as funções de Prana quando atua em nossos corpos, incluindo, também as subdivisões dos corpos mais sutis constantes do budismo esotérico:

Corpos	**Efeitos de Prana**
Átmico	Sabedoria e Amor Universal
Búdico	Intuição
Mental Superior	Abstração
Mental Inferior	Raciocínio lógico – mental dual
Astral	Emoção
Etérico	Vida
Físico	Ação

O que nos interessa é o que se passa no plano etérico, mesmo porque, sobre esse Prana, podemos ter controle.

O Prana etérico é uma diferenciação do Prana Cósmico e é responsável pela vida.

D. S. Vol. V, p. 566 – "O duplo etérico sustenta a vida; é o reservatório ou esponja de vida, recolhendo-a de todo o reservatório natural que se situa ao redor, e é o intermediário entre o reino de Prana e a vida física. A Vida não pode aparecer imediatamente vindo do subjetivo para o objetivo, pois a Natureza vai se organizando gradualmente, através de cada etapa. Portanto, o duplo etérico é o intermediário entre Prana e nosso corpo físico, e funciona como uma bomba sugando a vida".

Este Prana se apresenta na forma de glóbulos chamados glóbulos de vitalidade.

Como toda a matéria universal é setenária, existem sete modalidades de Prana, contendo, cada uma, energia diferenciada, com finalidades orgânicas específicas.

Nos dias de sol, olhando para longe, vemos esses glóbulos brilhando com grande intensidade. Como o plano é muito sutil, eles estão distanciados uns dos outros e se encontram em agitação contínua.

O corpo etérico é constituído por verdadeira rede compacta formada por uma infinidade de filamentos, canaisinhos que recebem o nome de nadis. São em número de 70.000. Alguns hindus chegam a falar em 70 milhões. Por esses nadis circulam as energias de Prana.

Entre o corpo etérico e o astral, ou corpo emocional, existe uma tela ou um filtro de textura muito cerrada, formada de uma camada de átomos muito comprimidos. Essa tela só deixa passar o Prana pelos centros sintonizados e impede a passagem de outras forças do plano astral, ou seja, do corpo emocional, forças com as quais o homem teria dificuldade de lidar por serem desconhecidas para ele. Ela funciona como um relé, impedindo que os eventos dos mundos astral e mental passem caoticamente para a consciência física.

A ruptura dessa tela pode causar perturbações de ordem mental, emocional e física. Álcool em excesso, alucinógenos, mediunidade mal dirigida e até o fumo em excesso prejudicam a pureza da tela e do metabolismo de Prana.

O duplo etérico tem aparência de um fluido translúcido, violáceo. Para vermos o duplo etérico não devemos fitar o objeto frontalmente. Os olhos devem estar relaxados e devemos fitar um ponto no centro e atrás, portanto, uma ligeira convergência ocular. Depois de estarmos assim, calmamente, fitando como quem não quer ver nada, começa a surgir uma pequena faixa brilhante ao redor do objeto. Não devemos nos surpreender e mudar a visão para ver o que está aparecendo, senão desaparece, porque desfocamos a visão do etérico.

O estudo do duplo etérico e do metabolismo de Prana é importante para compreendermos a função de nossos chacras. São eles que recebem as energias, condensam as mesmas e as fazem circular pelo nosso corpo, energizando os órgãos.

Que são os chacras?

A palavra chacra é sânscrita e significa roda; isto porque ela se refere a uma série de vórtices energéticos semelhantes a rodas e que estão inseridos na matéria do duplo etérico. Esses vórtices servem como pontes de comunicação entre o físico e os corpos mais sutis do homem, possibilitando a vida consciente física e estão dispostos ao longo da coluna vertebral.

Segundo C. W. Leadbeater, em seu livro *Os Chacras*, os centros magnéticos vitais do ser humano são:

	Português	***Sânscrito***
7	Coronal	Sahashara
6	Frontal	Ajnã
5	Laríngeo	Vishuda
4	Cardíaco	Anahata
3	Umbilical	Manipura
2	Esplênico	Swadhistana
1	Raiz	Muladhara

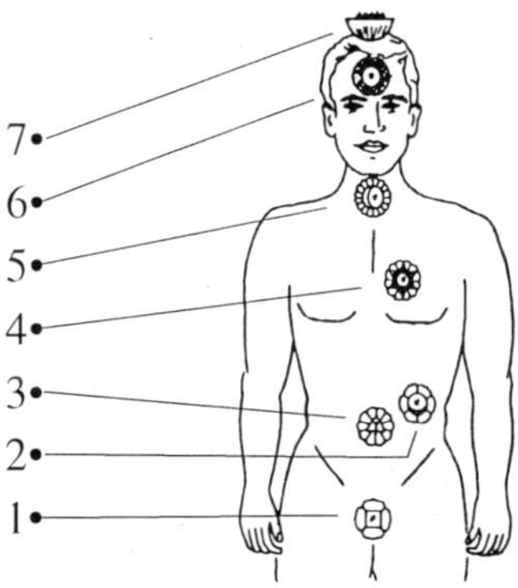

Cada um tem uma função vital sobre os órgãos e sobre o metabolismo orgânico, sendo que a sua ausência representa a morte.

D. S. Vol.V, p. 523 – "Prana é o Pai das vidas. Como exemplo, pode-se citar uma esponja que seja imersa nas águas do oceano. A água no interior da esponja pode ser comparada a Prana. Prana é o princípio motor da vida. As "vidas" vivem Prana. Retire a esponja da água e ela se torna seca, simbolizando assim a morte".

Como é que se faz essa comunicação entre o duplo e o físico - entre as energias do plano etérico e o corpo físico?

1. Pela alimentação. Existem centros energéticos na boca que absorvem Prana. A filosofia de Lao-Tsé, no capítulo Macrobiótica, diz que devemos beber os alimentos sólidos e mastigar os líquidos.

2. Por certos centros de entrada e saída direta das energias, sendo que podem ser estimulados pelas posturas da Yoga.

3. Pela respiração.

Vamos ver como se processa o metabolismo pela respiração uma vez que, sobre ele, podemos ter controle.

Ao longo da coluna vertebral temos, no duplo etérico, três canais, ou seja, três nadis, assim dispostos:

- um central denominado Sushumna
- um à esquerda denominado Ida
- um à direita denominado Píngala

Estes três canais são conhecidos na tradição hindu como as Três cordas de Shiva, o tricórdio humano. Na mitologia grega, como a lira de três cordas.

Pensa-se que a respiração se faz de maneira simultânea pelas duas narinas mas, se observarmos, veremos que a respiração muda de lado. Ora atua o canal Ida, ora o Píngala e há um momento em que ambas as narinas estão abertas, mas com muito pouco movimento de ar. Nesse momento está funcionando o canal Sushumna. As energias que percorrem esses canais são ora andrógina, ora negativa e ora positiva.

1. Quando circulam pelo canal central são andróginas.
2. Quando circulam pelo canal esquerdo são negativas – lunares
3. Quando circulam pelo canal à direita, são positivas – solares

O revezamento das narinas se dá a cada duas horas. Os Tattvas se sucedem em cada fluxo e pode-se saber qual Tattva está vibrando pelo comprimento da onda de ar que sai das narinas. Colocando os dedos horizontalmente embaixo das narinas, pode-se perceber a mudança do comprimento que varia da seguinte forma:

Pritivi – 16 dedos abaixo

Apas – 12 dedos

Tejas – 8 dedos

Vayu – 4 dedos

Quando vibra a energia átmica, andrógina, a onda de ar não tem comprimento. Este é o momento em que o homem tem seus maiores vislumbres intuitivos.

A energia átmica, andrógina, chega ao chacra Coronal, na cabeça, na forma de um filamento chamado fio de Sutratma. Segue ao longo da coluna pelo canal central de Sushumna e vai terminar no cóccix.

Como todas as energias do Universo, Prana é polar. A energia lunar que entra pela narina esquerda, banha nadis da cabeça e segue ao longo da coluna, percorrendo um caminho sinuoso e vai terminar no chacra Esplênico que faz a dissociação dos átomos e as distribui para as várias partes do corpo. A energia solar, entrando pela narina direita, irriga nadis da cabeça e vai terminar no Esplênico que faz a distribuição.

Quando aspiramos o ar, os glóbulos de vitalidade entram juntamente, separam-se do ar que vai para o pulmão e seguem o caminho já descrito e vão ter ao esplênico. O Prana distribuído pelo corpo é que vai exercer funções orgânicas, tais como metabolismos da respiração, da digestão, da excreção etc. mantendo a integridade do corpo.

O tipo de aura etérico do corpo físico depende justamente do estado de vitalidade das nossas células.

Com esta explanação sucinta, já dá para perceber o valor da respiração. A possibilidade de intercâmbio pela alimentação e por certos centros de absorção direta, não substitui a finalidade que é preenchida pela respiração, simplesmente complementam o processo.

Só a respiração estimula o metabolismo fundamental, ligado aos chacras, particularmente se for praticada na presença do eucalipto, do pinheiro. Para intensificar a entrada do Prana e, também, do oxigênio, a Yoga recomenda a Respiração Completa e o Pranayama.

Respiração Completa

Absorver o ar, projetando a barriga para a frente a fim de distender o diafragma e dilatar os pulmões ao máximo. Depois, continuando a forçar a entrada do ar, ir recolhendo a barriga e levantando os ombros de modo a forçar o ar a preencher a parte superior dos pulmões. Reter o ar um pouquinho de tempo. Soltar o ar suavemente, contraindo o abdome ao máximo para forçar a saída total do ar dos pulmões.

Pranayama

O verdadeiro Pranayama tem uma contagem de tempo muito particular, podemos dizer, cabalística, e o pronunciamento de Bijâs. O que vamos apresentar é uma fase anterior que poderíamos chamar de Respiração Alternada.

• Colocar os dois dedos, indicador (Júpiter) e médio (Saturno) sobre a testa, na raiz do nariz;

• Obturar a narina direita com o polegar (Vênus) e começar a aspirar pela narina esquerda;

• Reter o ar pelo tempo que determinar; pode ser de 4 a 8 tempos, no ritmo do coração,

• Obturar a narina esquerda com o dedo anular (sol) e soltar o ar pela narina direita;

• Conservar o pulmão vazio dentro do mesmo ritmo e aspirar pela mesma narina, ou seja, pela direita;

• Reter o ar pelo tempo determinado;

• Obturar a narina direita e soltar pela esquerda;

• Conservar o pulmão vazio dentro do mesmo ritmo e aspirar pela mesma narina, ou seja, pela esquerda.

• Continuar esse processo até completar 7 rodadas completas.

Observação: Se inspirarmos bem suavemente, perceberemos a separação entre o oxigênio que vai para o pulmão e o Prana que vai para os centros da cabeça. O Pranayama completo está descrito no livro *Equilíbrio Pessoal,* de minha autoria.

Algumas curiosidades que você pode experimentar: Existem nadis que interrompem o fluxo da corrente, tanto solar quanto lunar. Ficam debaixo do braço, na altura da costela. A obstrução se faz do mesmo lado, isto é, o nadi da direita obstrui a passagem da corrente solar pela narina direita e o da esquerda o da corrente lunar pela narina esquerda.

• Pode-se fazer uma experiência quando estiver resfriado e uma das narinas entupida. Se deitarmos do lado da narina que está aberta, o fluxo dessa narina pára e a obstrução passa para ela, liberando a que estava obstruída.

• A febre é um desequilíbrio no fluxo das correntes de Prana; a solar fica mais intensa. Deitando do lado direito, obstruímos a passagem da energia solar e passa a circular a lunar e a febre baixa.

CAPÍTULO XIV

RELIGIÃO COM ENFOQUE PSICOLÓGICO

A religião é a mais antiga expressão da alma humana e também a mais universal. Não existe aquele povo, por mais primitivo que seja, ou mais isolado que se encontre, que não tenha suas crenças.

Através dos fenômenos da natureza que expressam poder, perigo, grandiosidade, beleza, harmonia, o homem pressente a existência de algo maior do que ele. Não conseguindo identificar, não conseguindo penetrar esses fenômenos com o seu mental, não conseguindo reproduzi-los, ele passa a temer esse desconhecido e esse temor dá surgimento à religiosidade, que se exterioriza por uma atitude interna de respeito, de reverência, de dependência.

Ao longo dos tempos, como vimos, muitos seres, conhecedores dos mistérios da Natureza, têm procurado revelar ao homem aspectos desta grandiosidade que é o Universo, ensinamentos esses que estão contidos na Sabedoria Iniciática das Idades, ou seja, na filosofia oriental, junto aos povos mais primitivos.

Ao passo que o homem foi se afastando dessas origens, dessas fontes que explicam as Causas Universais, mais ele foi abandonando a verdadeira mística, que seria a união entre o ser objetivo e aquilo que há de imponderável dentro dele, foi perdendo a capacidade de penetrar os mistérios e foi se entregando ao misticismo, que é o apego a dados externos, encaminhando-se em direção a uma fé cega que tende para o fanatismo.

Quando o progresso científico se ampliou, a partir dos séculos XVII e XVIII, as linhas do pensamento que se encaminharam para o materialismo e o racionalismo, foram tendendo à não aceitação do espírito religioso, cujas práticas, nessa época, já apresentavam características de imaturidade e, por extensão, passaram a desacreditar dos fenômenos psíquicos de uma maneira geral. Quer dizer que caíram no extremo oposto. Do fanatismo, passaram para o ceticismo.

O homem perdeu, com razão, a capacidade de crer, por causa das proposições vigentes, e não encontrou o substitutivo.

Podemos notar que, ao desenvolvimento científico e técnico, vem correspondendo uma grande carência de introspeção.

Todavia, apesar de a ciência gabar-se de lidar com fatos aparentes, leis, a cada passo, em virtude de o mental racional não abarcar as experiências, os fatos, os objetos na sua totalidade, a ciência se defronta com inúmeras incógnitas sobre as quais há necessidade de se levantarem hipóteses, a fim de que a ciência consiga penetrar além do imediatamente sensível.

É preciso, portanto, um certo cuidado ao se negar a realidade dos fenômenos psíquicos porque todo o arcabouço da ciência está montado sobre imagens psíquicas despertadas pela estimulação de nossos sentidos. O pesquisador cria um modelo mental. É um tipo de saque em cima do futuro e passa a testá-lo.

Com esta atitude, o cientista pode não ter fé na acepção que as religiões emprestam a este termo, mas está dotado do verdadeiro espírito místico, uma vez que está buscando descobrir as leis que regem a parte que ainda se constitui em mistério para a própria ciência.

A ciência sabe que está apenas no limiar de toda a grandiosidade universal. A atitude mais científica seria não a de negar arbitrariamente a validade dos fenômenos psíquicos, mas a de se propor a uma investigação, experimentando processos não relacionados a experiências científicas como a entendemos hoje.

Acontece que os fenômenos psíquicos que envolvem religiosidade são aparentemente subjetivos, por serem expressos por idéias, mas vão se tornando cada vez mais objetivos, vão se transformando em fatos, na medida em que são partilhados por um grupo maior de indivíduos, na medida em que aparecem de forma semelhante ou até mesmo idêntica em uma quantidade grande de pessoas, tal como acontece com as experiências paranormais – telepatia, premonição etc. Isto vem dar à psicologia uma possibilidade de ser tratada como ciência, com fase de observação, classificação e levantamento estatístico.

Os fenômenos psíquicos são reais para quem os experimenta. Assim como para a ciência sobram realidades não explicáveis, assim a explicação para os fatos psíquicos pertence ainda ao imponderável.

Apesar de um percentual grande de homens vir se recusando a reconhecer o espírito de religiosidade, a presença de algo sobrenatural dentro de si mesmo, percentual esse que vem diminuindo nestas últimas décadas em virtude do grande interesse despertado pela parapsicologia e pela hipnose, todavia, aqueles que ainda se recusam a aceitar essa parte sobrenatural existente dentro de nós, não podem impedir que esta tendência inata, que este algo sobrenatural apareça por exemplo na simbologia dos sonhos, nos arquétipos[12] tão bem estudados por Jung. Existe na mente humana uma capacidade de reproduzir imagens, configurações que expressam princípios primordiais, princípios de caráter coletivo, porque aparecem repetitivamente em todas as tradições, estejam elas cronológica ou geograficamente distantes. O folclore, por exemplo, os mitos e contos da literatura universal encerram temas bem definidos que reaparecem sempre e por toda a parte – reaparecendo inclusive nos sonhos, nas visões e na imaginação dos indivíduos.

É dessas imagens arquetípicas, que se encontram no inconsciente do homem, que são retirados os dogmas. São esses elementos que vieram a se constituir na base das diversas formas de religião. Espalhadas pelos vários grupos étnicos, encontramos idéias básicas tais como: dilúvio, paraíso perdido, dragão, mocinho, vilão, homem Deus sofredor que, segundo Jung tem mais de 5 mil anos, trindade – que é ainda mais antiga etc.

São palavras de Jung: "O dogma é como um sonho que reflete a atividade espontânea e autônoma da psique subjetiva, isto é, do inconsciente".

---

[12] Arquétipo – vide adendo na página 141.

Por causa de exprimir uma totalidade, um conteúdo implícito muito mais amplo, que nós poderíamos chamar de irracional, em contraposição ao que há de racional em uma experiência científica, é que o dogma perdura através dos séculos.

Teosoficamente falando, as idéias contidas nos dogmas não foram inventadas. Nasceram quando a humanidade ainda não havia aprendido a utilizar a mente. Antes que os homens houvessem aprendido a formular pensamentos, estas formas arquetipais vinham até eles, proposição esta que se ajusta à teoria das idéias de Platão, quando afirma que as idéias preexistem na mente humana, faltando apenas encontrar o caminho para contatá-las. O homem, não conseguindo compreender o seu significado total, pois esta era a forma inconsciente de comunicação entre a parte inferior do ser e sua parte superior, conservou-as com devoção, devido ao impacto que causaram em sua psique.

Com o correr do tempo, o homem começou limitando cada vez mais o sentido universal da simbologia registrada nas tradições e, por assim dizer, foi progressivamente estratificando as idéias contidas nas imagens arquetipais.

Todavia, a própria Igreja Católica admite que o dogma é vivo e, portanto, sujeito a uma dinâmica que envolve modificação, evolução.

Um ponto importante a ser considerado é o de que o espírito científico procura desprezar o valor emotivo das experiências pessoais – a análise tem de ser sempre fria, distante. Acontece, porém, que a simbologia do dogma, das formas arquetípicas, é profundamente expressiva. São exemplos: a figura de uma pirâmide, de uma mandala[13], do círculo nas suas variadas composições, da *tetraktys* pitagórica, que representa o valor do quatro, do quaternário, ligado aos quatro elementos alquímicos, a visão da cruz, do cálice etc. Quando essas imagens chegam espontaneamente e vividamente

[13] Mandala – Palavra sânscrita que, no budismo e no tantrismo, se refere a um diagrama composto por círculos e quadrados concêntricos, ornados de cores simbólicas, e que reproduzem .o universo concebido pela cosmogonia Indiana.

à mente do homem, não digo só na forma de pensamento, mas numa percepção vivencial, que pode ser só na imaginação ou em visão a três dimensões, colorida etc., elas produzem uma impressão de ordem emocional mística indescritível, capaz de desencadear processos que levam a estados interiores particulares, como passagem para uma dimensão fora do espaço-tempo, perda do medo da morte, união com o todo, isenção completa do sentimento de separatividade e de egoísmo etc.

É interessante notar que as crenças religiosas, os dogmas,[14] têm grande função psicológica. É mais fácil tratar de alguém que tenha fé nos dogmas; essas práticas amenizam as experiências psíquicas imediatas, desequilibrantes e que poderiam ser superiores às forças do indivíduo naquele determinado momento.

A confissão, por exemplo, corresponde a uma catarse; leva a pessoa a colocar para fora sentimentos que estão produzindo tensão.

A prece funciona como auto-sugestão. Pode, também, funcionar como liberação do sentimento de culpa, porque traz idéia de perdão.

A adoração do Cristo crucificado proporciona tranqüilização porque traz, implícita, a certeza da redenção pelo seu sangue. Comparar a própria dor e sofrimento com o de Cristo na cruz, consola, torna a dor mais sacrificial, mais heróica; parece que libera certa quantidade de energia.

Esse fato de os dogmas e crenças funcionarem como recurso psicológico, pode ser considerado como uma faca de dois gumes. Por um lado, podem tranqüilizar, e o fazem àquele que tem fé, mas, por outro lado, podem levar a uma grande dependência, dependência que pode prejudicar a capacidade de introspeção, a capacidade de buscar com autonomia a solução para os próprios problemas. Pode,

---

[14] Dogma – Ponto fundamental, apresentado como certo e indiscutível, de uma doutrina (*) religiosa ou filosófica e, por extensão, de qualquer doutrina ou sistema.

* Doutrina – Conjunto de dogmas ou de noções que constituem um sistema de ensino religioso, filosófico, político, econômico, social ou de qualquer ramo do saber. Conjunto de dogmas ou de noções que versam sobre uma determinada matéria, como por exemplo, a doutrina da imortalidade da alma.

também, prejudicar a possibilidade de uma penetração no sentido mais profundo, no sentido arquetipal dos próprios dogmas.

A comunhão, por exemplo, para a maioria das pessoas – não para todas – é um ato externo, altamente tranqüilizador porque vem acompanhado de uma certeza da proteção divina, mas, ao mesmo tempo, pode provocar uma acomodação no sentido de não se buscar meios e práticas que levem o homem ao despertamento real do Cristo interno, imagem arquetipal que está contida na comunhão.

Os estudiosos são unânimes em afirmar que os sonhos provêm das profundezas do ser e sempre procuram exprimir alguma coisa que o eu consciente não conseguiu detectar – pode ser do plano psíquico individual, bem como do inconsciente coletivo, e do plano espiritual.

Com base em afirmativas de Jung, as experiências psicológicas têm mostrado que certos conteúdos que aparecem em sonhos, ou em visões vívidas, ou em idéias na imaginação, sem qualquer dedução lógica, provêm de uma parte da psique mais ampla do que a parte consciente. Com freqüência, esses conteúdos encerram uma compreensão ou um saber de grau superior àquele que poderia ser elaborado pelo mental racional. O termo mais empregado para designar tais acontecimentos tem sido o de intuição. É interessante que esses conteúdos trazidos pela intuição são aceitos pelo consciente e trazem uma marca de certeza inexplicável.

Sabe-se perfeitamente que a descoberta de grandes leis da matemática e da física não foi fruto do raciocínio consciente, mas surgiu na mente dos descobridores quando eles menos esperavam. Henri Poincaré (1854-1912), matemático, professor de mecânica física na Sorbonne e também de cálculo das probabilidades e mecânica celeste, afirma que as suas melhores soluções surgiram quando ele estava andando de bonde. Einstein insiste, de maneira categórica, que a teoria da relatividade lhe veio por intuição; foi somente *a posteriori* que ele usou a inteligência e o raciocínio matemático para demonstrar o acerto de uma concepção cosmológica sobre a qual já não existiam dúvidas para ele.

Tudo indica que existe dentro de nós uma capacidade de percepção da realidade superior à do raciocínio abstrato, cujo mecanismo está fora do alcance da nossa consciência de vigília.

A psique é constituída por dois departamentos: pelo consciente, observável e por uma parte indefinível, mas cuja existência somos obrigados a admitir e que é normalmente designada por inconsciente.

Por desconhecer o que está além do consciente, o homem, normalmente, tem medo de se tornar consciente de si mesmo; evita entrar no âmago da sua personalidade, permanecendo na periferia de sua realidade.

Para que o homem consiga penetrar o conteúdo profundo que os dogmas e certas percepções paranormais encerram, passando assim por experiências verdadeiramente místicas, ele necessita de um treinamento paulatino e progressivo, que o leve a um autoconhecimento e a uma auto-organização interior.

CAPÍTULO XV

SERÁ POSSÍVEL PROVAR A EXISTÊNCIA DE DEUS?

Os antigos filósofos, tais como Zenão, Aristóteles, Anaxágoras, os neoplatônicos, citados no capítulo I, todos eles tinham por preocupação primeira a busca de Deus.

Até há bem pouco tempo, podemos dizer que a humanidade acreditava em Deus e na vida eterna. Do século passado para cá cresce o materialismo, apoiado pelas filosofias e pelas ciências materialistas.

Hoje, vemos na Rússia os princípios comunistas amortecendo a religião e nos Estados Unidos vemos desenvolver-se o materialismo biológico.

Podemos perceber essa tônica materialista nos seguintes pronunciamentos:

• Julian Huxley, inglês (1887-1975), notável biólogo: "Toda a esfera de atividades dos fenômenos físico-químicos e biológicos pode agora ser considerada em termos naturalísticos; invocar a ação de Deus no processo é não somente desnecessário, como intelectualmente duvidoso". Esse pensamento foi externado na revista *Time* de 1/8/1961.

• J. J. Muller, laureado com o Prêmio Nobel: "Acreditar na alma é deleitar-se com as mais fantásticas ilusões e postular que existe mente fora do cérebro é um voluntário engano de si próprio".

Favorecem a aceitação dessas afirmativas, determinados argumentos biológicos que estabelecem a relação entre mente e cérebro. Por exemplo:

• A descoberta de que, sem inteligência alguma, cada planta e cada célula animal contém quimicamente informações cifradas no ácido ribonucléico – ARN – e no ácido desoxirribonucléico ADN – que, atuando nos cromossomos, as capacita a reproduzir e a formar o correto tipo de corpo;

• A intervenção do ácido nuclêico nos mecanismos da memória e do aprendizado.

Mas os questionamentos permanecem. Será que existe uma inteligência criadora? Será que existe algo além da matéria física, da energia e dos fenômenos a ela inerentes? Podem a mente e a inteligência existir separadas da atividade celular, de tal sorte que a existência de uma pessoa não acabe quando morre o corpo?

Se a resposta for "não", isto significa que o Universo, tão maravilhosamente regido por leis precisas, a ponto de tornar possível a vida, nada mais é do que o resultado de fatos acidentais. Se o homem for apenas uma máquina que reage aos estímulos do meio ambiente procurando adaptar-se, então qual será o objetivo da vida? Aperfeiçoar essa maquina? E será que aqueles que acreditam nesta proposição filosófico-científica, estão trabalhando para isso, ou, muito pelo contrário, estão trabalhando para diminuir a potencialidade da máquina através do progressivo artificialismo da vida moderna?

E nesta aceitação da máquina, onde fica o livre-arbítrio?

Se tudo está computadorizado, e se nada existe a ser conquistado além de suas limitações, como resultado do esforço humano, então, o melhor é tirar o maior proveito pessoal da vida – tornar-se existencialista.

Fato curioso, porém, é o de que quase todo o astrônomo acredita em Deus. A astronomia tem provado que nosso mundo é parte de um Universo em evolução. Ele está inserido dentro de uma galáxia, a Via Láctea, que contém bilhões de sóis com seus planetas, tão imensa, que a luz, à velocidade de 300 mil km por segundo, levaria 100 mil anos para atravessá-la de uma ponta a outra. Todavia, a Via Láctea é apenas um conjunto, de dimensões médias, no meio de outras tantas bilhões de galáxias.

Toda esta complexidade universal funcionando dentro do mais perfeito mecanismo de relojoaria, pressupõe a existência de uma Mente Cósmica criadora e mantenedora. Tudo é regido por leis extremamente sábias, que não poderiam ser outras, senão essas que aí estão e que obedecem a um plano.

Em 1943, a edição do *Bulletin of the American Association for the Advancement of Science* registrou o seguinte: "É duvidoso que os cientistas possam sugerir mudança em alguma lei da natureza que não fosse desvantajosa, ou reduzir, temporariamente, os rigores de algumas dessas leis, sem que, certamente, não viesse a causar mais prejuízos do que benefícios".

Quanto mais se estuda a natureza, mais extraordinário parece que alguma inteligência pudesse ter sabedoria suficiente para inventar sistema tão complexo e tão funcional, dentro do qual cada célula, cada átomo sabe precisamente, e com absoluta sabedoria, a posição que deve tomar dentro do contexto global.

Podem-se citar a título de exemplo:

• No início havia fermentação. O acúmulo de O_2 tornou possível a respiração e possibilitou a vida em estágio mais aperfeiçoado. Havia rajadas de radiação mortal vindas do Sol que impossibilitavam a vida e, então, o O_2 se transforma em ozônio que sobe e filtra as radiações.

• Existem transformações no Universo. Sóis aparecem e sóis morrem. Tudo mostra que houve um começo e haverá um fim. Se um sistema vai converter-se em morada de vida como a conhecemos, a energia deve emanar de maneira estável e utilizável durante grande período de tempo e é o que acontece como ato de inteligência infinita.

• Os átomos de hidrogênio são elementos de construção com os quais todos os outros elementos são formados. Quando se criou o hidrogênio, deu-se a cada átomo 0,008 adicionais de sua massa que, quando em união com outros átomos, formam elementos mais pesados. A massa adicional pode ser transformada em energia sob condições tais como a existente no interior da estrela, ou no centro da bomba de hidrogênio. Isso só acontece durante o processo construtivo do elemento. Toda a energia do Universo, exceto a dos efeitos de gravitação, deriva desse original 0,008 fornecido pelo Onisciente Criador. O excedente não poderia ser nem mais nem menos. Se menos, não daria calor, se mais, explodiria a estrela. No Universo tudo é controlado por leis naturais. Qualquer desvio em uma dessas leis seria fatal.

• O átomo é um microdínamo imaterial no qual o indutor são os elétrons e o induzido os prótons, gerando as forças eletromagnéticas que constituem toda a matéria do cosmo. As energias geradas por esses dínamos ficam retidas mantendo a estrutura e vida dos átomos, não se evadindo. É uma espécie de eletricidade estática, gerada por um sistema que dela mesma se nutre para sustentar sua vida. Se a energia gerada cresce, o sistema se organiza para continuar prendendo a energia dentro. Quando o potencial do elétron atinge o máximo ele descarrega sua energia sobre o próton, realizando uma fecundação e este gera outro elétron. Ao mesmo tempo, o próton dobra seu potencial para suportar o elétron.

Todas essas maravilhas do Universo, certamente, não poderiam ser resultantes do acaso.

Os biólogos materialistas dizem que a inteligência é função das células cerebrais e que a mente não pode existir independente delas. Ao se estudar a natureza, surgem dúvidas. As células seminais da alga de água doce, do gênero *Ulothrix*, por exemplo, nadam expelidas pela planta e têm penugem ou cílios em uma das extremidades. Nadam ao redor, sempre aos pares e sempre se põem em contato com a extremidade de cílios, o que prova que não é acidental. Fundem-se e dão uma célula que, dependendo das condições, pode tornar-se uma nova planta.

W. Scott Lewis descreve o seguinte episódio: "Os vermes palolos que se nutrem no fundo do mar tropical, perto da ilha Samoa, vivem a vida comum de um verme até a véspera do dia em que a lua atinge o quarto minguante no mês de outubro e também em novembro. Nesse dia, parece que uma mensagem misteriosa chega a cada uma das colônias, advertindo-as de que esse dia é o de seus esponsais. Deste modo pululam para a superfície do mar em inumeráveis bandos até cobri-lo numa grande extensão. Ali temos um grande mistério que ninguém até agora resolveu. Como pode um verme, no fundo do oceano, onde ele não pode ver a lua, perceber que ela está prestes a atingir o quarto minguante em dado mês do ano, e sabê-lo no dia certo? Foi provado que eles não se regulam pelas marés ou por algum ritmo da natureza conhecido por nós. É um mistério que, na aparência, não pode ser resolvido enquanto a ciência não quebrar as muralhas de domínios ainda inexplorados".

A análise dos fenômenos da reprodução acusa inteligência inexplicável, sem cérebro. Existe um direcionamento além do cérebro e que está presente em todos os fenômenos da natureza.

Observando essa agudeza da Mente Cósmica, cientistas têm se pronunciado:

• Isaac Newton (1642-1727), o primeiro a formular a lei da gravitação dos corpos celestes: "A origem do mundo material deve atribuir-se à inteligência e sabedoria de um poderosíssimo Ser, sempre existente e presente em toda parte, que domina, consoante a sua vontade, todas as parcelas do universo muito mais eficazmente do que a nossa alma domina, pela sua vontade, os movimentos do corpo que está unido a ela".

• Einstein (1879-1955): "Cada descoberta nova da ciência é uma porta nova pela qual encontro mais uma vez Deus, o autor dela".

• Leibniz (1646-1716), filósofo e matemático alemão: "Para sermos felizes, é necessário vivermos na harmonia de Deus".

• Jung: "Sei, com segurança, que me confronto com um fator desconhecido em si, ao qual chamo Deus".

Quanto mais a gente conhece a física e a biologia, tanto mais forte vai se tornando nossa ânsia por conhecer a origem da compulsão que faz funcionar, tão magistralmente, todas as leis da natureza.

O homem tende a criar um Deus com sua mente e a divindade não é algo que se possa conceber com a mente. A divindade é algo que se realiza no interior do indivíduo, ou melhor, que brota do seu interior. São palavras de Santo Agostinho[15]: "Se alguém me perguntar o que é Deus, confesso que não sei, mas, se ninguém me perguntar, então, eu sei".

[15] Santo Agostinho – Vide biografia na página 142.

A imprescindível necessidade de auto-realização é porque o mesmo Cristo que estava em Jesus, está dentro de cada um de nós.

O conceito de Deus no hinduísmo, conforme está registrado no upanixade Brihad-Aranyaka, é o seguinte: "É Aquele que, habitando em todas as coisas, é, no entanto, diverso de todas as coisas; é Aquele a quem todas as coisas desconhecem, mas cujo corpo é feito de todas as coisas; é Aquele que controla todas as coisas a partir de dentro; esse Aquele é a sua Alma, o Controlador interior, o Imortal."

Os avanços feitos nas pesquisas físico-nucleares durante as duas décadas passadas têm levado os cientistas a postularem a existência de uma região subquântica na qual a matéria existe num estado de subdivisão jamais sonhado no passado. Eles capturaram o neutrino, partícula que pode atravessar a matéria comum assim como a fumaça pode passar através de uma tela de arame; e agora existe evidência de que mesmo os prótons e nêutrons são apenas simples agregados de partículas ainda menores. De modo que a existência de estados mais sutis da matéria, ainda não perceptíveis, está próxima de ser desvendado.

Somos um efeito finito de uma Causa Infinita, por isso não conseguimos entender. O que o homem percebe é relativo. A ciência afirma que a matéria é descontínua e que a madeira, por exemplo, é constituída por vazios, só existem forças que se atraem. Mas nós vemos a madeira contínua, sólida.

Deus, para o Teósofo, é a Unidade Inefável da qual tudo surgiu. O conceito de Deus é um conceito Cósmico, Universal e não antropomorfizado. Deus é a soma de todas as Leis que mantêm, com tanta precisão, a harmonia e o equilíbrio do Universo.

Afirmativas que confirmam o pensamento teosófico

• Joseph Grasset (1849-1918), Francês, médico, professor de clínica médica na Universidade de Montpellier: "O ocultismo é a Terra Prometida da ciência"

• Friedrich Humboldt (1769-1859): "Mais nocivo que a própria incredulidade é o presunçoso ceticismo que repudia os fatos sem examinar se são ou não verdadeiros".

• Fritjof Capra, no livro *O ponto de mutação*, p. 353: "Freud e Jung tinham um profundo interesse pela religião e a espiritualidade; mas Freud parecia obcecado pela necessidade de encontrar explicações racionais e científicas para as crenças e os comportamentos religiosos, enquanto a abordagem de Jung foi muito mais direta. Suas várias experiências religiosas pessoais convenceram-no da realidade da dimensão espiritual da vida. Jung passou a considerar a religião e a mitologia comparadas como fontes inigualáveis de informação sobre o inconsciente coletivo, e concluiu que a espiritualidade genuína é parte integrante da psique humana".

O terreno do conhecimento humano que mais se aproxima da Teosofia é a ciência, não são as religiões. Isto porque o cientista descobre leis e o que o Teósofo busca é descobri-las também. Só que o Teósofo leva uma vantagem: as leis lhe são reveladas por seres de natureza transcendente como Krishna, Jesus e outros. O trabalho do homem é experimentá-las para tirar suas conclusões.

A Teosofia não tenta explicar Deus; simplesmente dá ferramentas para que o homem consiga se tornar, um dia, igual a Deus, ou seja, ferramentas que possam despertar o Deus que está dentro de cada um de nós.

Infelizmente para a humanidade, os estudantes descrentes de hoje serão os cientistas, os mestres, os editores, os legisladores de amanhã. Serão os que dirigirão o pensamento da civilização.

Todavia, uma das grandes esperanças é a de que o materialismo imperante consiga, pelo menos até certo ponto, limpar a mente das superstições, deixando espaço virgem para a espiritualidade que já está surgindo. Nestes últimos anos, vem se estruturando um número sem conta de movimentos espiritualistas convencidos de que existe algo além desta condição física do homem e empenhados em descobrir a Verdade última do Universo.

Segue a transcrição de um pronunciamento de Einstein:

"A opinião comum de que sou ateu repousa sobre grave erro. Quem a pretendeu deduzir de minhas teorias científicas não as entendeu. Creio em um Deus pessoal e posso dizer que nunca, em minha vida, cedi a uma ideologia atéia.

Não há oposição entre ciência e religião. Apenas há cientistas atrasados, que professam idéias que datam de 1880.

Aos dezoito anos, eu já considerava as teorias sobre o evolucionismo mecanicista como irremediavelmente antiquadas. No interior do átomo não reinam a harmonia e a regularidade que estes cientistas costumam pressupor. Nele se depreendem leis prováveis, formuladas com base em estatísticas reformáveis. Ora, essa indeterminação, no plano da matéria, abre lugar à intervenção de uma causa, que produza o equilíbrio e a harmonia dessas relações dessemelhantes e contraditórias da matéria. Há, porém, várias maneiras de representar Deus. Alguns o representam como o Deus mecânico, que intervém no mundo para modificar as leis da natureza e o curso dos acontecimentos. Querem pô-lo a seu serviço, por meio de fórmulas mágicas. É o Deus dos primitivos, antigos ou modernos. Outros o representam como o Deus jurídico, legislador e agente policial da moralidade, que impõe medo e estabelece distâncias. Outros, enfim, como o Deus interior, que dirige por dentro todas as coisas e que se revela aos homens no mais íntimo da consciência. A mais bela e profunda emoção que se pode experimentar é a sensação do místico. Este é o semeador da verdadeira ciência. Aquele a quem seja estranha tal sensação, aquele que não mais possa devanear e ser empolgado pelo encantamento, não passa, em verdade, de um morto.

Saber que realmente existe aquilo que é impenetrável para nós, e que se manifesta como a mais alta das sabedorias e a mais radiosa das belezas, que as nossas faculdades embotadas só podem entender em suas formas mais primitivas, esse conhecimento, esse sentimento está no próprio centro da verdadeira religiosidade.

A experiência cósmica religiosa é a mais forte e a mais nobre fonte de pesquisa científica.

Minha religião consiste em humilde admiração do espírito superior e ilimitado que se revela nos menores detalhes que podemos perceber em nossos espíritos frágeis e incertos. Essa convicção, profundamente emocional na presença de um poder racionalmente superior, que se revela no incompreensível universo, é a idéia que faço de Deus".

CAPÍTULO XVI

Existirá uma LUZ no final do túnel?

Onde se situarão as causas que levaram o homem de hoje e, portanto, a civilização atual, a um total desequilíbrio, não só em relação a desentendimentos e competições, mas a uma verdadeira crise em todos os aspectos da vivência humana–intelectual, moral, político, econômico, social, ecológico?

Certamente foi a perda da perspectiva do transcendente.

Os povos, através dos tempos, apesar de possuírem um conceito primitivo da Divindade, deixaram mostras de acreditar numa força imponderável que a tudo presidia. O objetivo das mais antigas tradições sempre foi o de buscar a sabedoria, a compreensão da ordem natural e a vida em harmonia com ela.

Os filósofos antigos, que começaram firmando o pensamento ocidental, tinham uma visão muito mais global do Universo e, inclusive, consideravam a relação entre a criação e o Criador.

Platão (428-348 a.C.), por exemplo, aceitava a existência de um Demiurgo que tinha idéias perfeitas e imutáveis e dispunha da matéria para imprimi-las.

Aristóteles (384-322 a.C.) propunha que todo o movimento dentro do Universo deve ser explicado pela união da idéia a matéria.

Tomás de Aquino (1225-1274) promoveu uma fusão entre o pensamento de Aristóteles e a teologia cristã. Deus está continuamente criando o mundo através da união entre os universais, ou seja, entre as idéias abstratas, e a matéria, com a finalidade de produzir novos objetos.

Entre outros, três grandes vultos da filosofia e da ciência tiveram influência capital para que se instalasse um desligamento entre o físico e o espiritual e exerceram influência rígida pelos séculos que se seguiram.

1. Francis Bacon (1561-1626) desenvolve o método empírico para o trabalho científico. É um procedimento indutivo com base na experimentação, partindo dos fenômenos mais objetivos em busca de uma lei geral. Para ele, o homem deveria dominar a Natureza. São palavras suas: "A Natureza é obrigada a servir o homem. O objetivo deve ser, mesmo sob tortura, extrair da terra todos os seus segredos".

A partir de Bacon, o objetivo da ciência encaminhou-se no sentido de adquirir conhecimentos que pudessem ser usados para dominar e controlar a Natureza sem qualquer preocupação com as conseqüências ecológicas.

Além disso, o método indutivo fragmenta as partes em busca das leis que regem o fenômeno, sem preocupação com a estrutura conjunta do Universo.

2. Com Descartes (1596-1649) entra para a filosofia a dicotomia entre corpo e mente, entre matéria e espírito. Ele aceitava que o conhecimento tem início pela apreensão intelectual de essências universais e de relações simples, efetuada pela intuição, elementos esses que iriam servir como fundamentos para um processo racional.

Esse processo ele descreve como tendo duas fases – a da análise e a da síntese, sendo que a síntese envolve o conjunto das deduções que evoluem através da dúvida metódica e sistemática. É um método critico, dedutivo e matemático.

Ele situa o pensamento como essência da alma espiritual. Despreza o conhecimento sensível, os sentimentos e as emoções, uma vez que são estados irracionais e que não derivam de Deus. Como conseqüência, a relação entre matéria e espirito, entre corpo e alma, torna-se metafisicamente impossível em seu racionalismo.

Deus para Descartes, é um estado de perfeição absoluta. É concebido como Substância, a única Substância verdadeira. Esta forma de imaginar Deus, fornece premissas para o panteísmo de Spinoza[16] (1632-1677) que começa antevendo a união entre matéria e espirito.

[16] Baruch Spinoza – Vide biografia na página 149.

Considerando a matéria inerte como tendo sido inicialmente impulsionada por Deus, através de uma força que gera o movimento, Descartes desenvolve, procurando explicar o mundo, tanto orgânico quanto inorgânico, uma filosofia mecanicista – o corpo é uma máquina, o animal é uma máquina, o Universo é, também, uma máquina.

Tão arraigada era esta idéia àquela época que Julien de La Mettrie (1709-1751) escreve um livro intitulado *L'homme Machine* – o Homem Máquina.

3. Isaac Newton (1642-1727) combina o método indutivo de Bacon e o dedutivo de Descartes. Consegue, dessa maneira, formular as leis que regeriam a "máquina" do Universo proposta por Descartes. Desenvolve uma teoria matemática do mundo; cria o cálculo diferencial para descrever o movimento dos corpos dentro do Sistema Solar. Surge a lei da gravidade. O Universo para ele era uma máquina que funcionava de acordo com leis precisas.

Apesar de profundos estudos no campo esotérico não conseguiu estabelecer a ligação entre a matéria e o transcendente.

Afirmava ser a matéria constituída por partículas iguais em sua essência, criadas por Deus para as finalidades do mundo material. O que diferenciava os vários tipos de matéria era a forma como essas partículas se juntavam, de maneira ora mais compacta, ora menos compacta. Essas partículas se movimentariam em conseqüência da maior ou menor atração mútua, provocada pela força de gravidade.

Seu Universo é, portanto, também, mecanicista; fora criado por um Deus externo que o governaria através de leis.

O progresso científico que ele proporcionou ao mundo daquela época, com as novas leis que vislumbrou, foi inegavelmente extraordinário, mas concorreu sobremaneira para afastar ainda mais a idéia de um Deus integrativo e favoreceu o grande surto de materialismo que surge nos séculos XVII, XVIII e XIX. Dentro desse materialismo imperante, contudo, não se pode negar que houve um grande avanço científico, sensível nas várias áreas, tanto assim que esses séculos são considerados como o período do Iluminismo.

Todavia, a concepção de um Universo e dos organismos como máquinas constituídas por peças isoladas levou à fragmentação do conhecimento, que perdura até os dias de hoje. Podemos verificar isso claramente dentro da própria pedagogia que apresenta as disciplinas completamente separadas umas das outras. O estudante, qualquer que seja sua formação, sai sem a menor noção de um conjunto sistêmico.

Como conseqüência desse reducionismo, a ciência passou a acreditar que todos os fenômenos poderiam ser entendidos uma vez que fossem reduzidos a seus componentes básicos e é nesse processo que ainda se fundamenta o método científico.

Atualmente, ressalta-se a importância da inteligência, da parte racional, relega-se para um segundo plano o equilíbrio emocional e muito pouco se cogita sobre a dimensão espiritual. Como nosso progresso tem predominância racional e intelectual, não se prestigia e não se cultiva a intuição.

Essa tendência de considerar os fenômenos como processos mecânicos, sem preocupação com a globalidade do conjunto, e o completo abandono da participação de um Criador e da ligação existente entre Ele e a Criatura, concorreram para a estruturação de uma sociedade repleta de desequilíbrios.

Alguns pontos vigentes:

1. O sistema capitalista imperante promove péssima distribuição de renda; verdadeiras multidões vivendo na mais completa miséria, passando fome, avalanches de mendicantes, enquanto verbas astronômicas são despendidas em armamentos.Uma economia científica deveria ocupar-se da produção, da distribuição e do consumo daquilo que é gerado pelo trabalho do homem, proporcionando oportunidades iguais para todos. Da forma como a economia seja conduzida, depende a situação social do povo.

2. A educação não é prioridade e, no entanto, ela é, positivamente, fator essencial para o nivelamento social.

3. Inflação e desemprego, este ampliado pela aplicação de tecnologia, sem preparo paralelo à mão-de-obra especializada e à abertura de novos campos profissionalizantes.

4. Não se cuida mais do suprimento de artigos de primeira necessidade, mas o mercado está abarrotado de produtos supérfluos, todos manipulados pela propaganda que, na maioria dos casos, é desonesta.

5. Monopólios elevam os preços artificialmente.

6. Domínio econômico e político das multinacionais. Têm influência poderosa sobre o povo e sobre os governos. Financiam iniciativas dentro do sistema educacional e das pesquisas acadêmicas, muitas vezes buscando interesses próprios e não interesses universais. Exploram a mão-de-obra barata do terceiro mundo.

7. O homem passou a utilizar, para fins de destruição, grandes descobertas da ciência: energia nuclear, para bomba atômica; aviões, para bombardear; grandes fábricas, para poluírem os rios e o meio ambiente.

8. Devastação das florestas, com diminuição da produção de oxigênio.

9. Poluição generalizada e desordenada, sem o menor controle das autoridades, não sendo novidade o quanto a camada de ozônio está comprometida, permitindo a infiltração de raios solares prejudiciais à saúde.

10. Resíduos nucleares sem destino seguro para a humanidade.

11. Guerras sangrentas e intermináveis ao redor do mundo, com atrocidades inimagináveis.

12. Degradação moral. A corrupção impera entre os altos escalões dos “colarinho branco”, incluindo políticos que deveriam zelar pelo bem-estar da nação, e desce até os mais baixos níveis sociais, com seqüestros, assassinatos, massacres, roubos, assaltos, violências de toda a natureza.

E T C...

Existirá uma LUZ no final desse túnel sombrio?

Num dos mais antigos livros, pertencente à filosofia chinesa, o *I Ching*, também conhecido como o *Livro das Mutações*, lemos: "Ao término de um período de decadência sobrevém o ponto de mutação. A luz poderosa que fora banida, ressurge".

No século XX começou a ser desenvolvida uma noção mais orgânica do universo, particularmente como resultado das descobertas no campo das experiências atômicas e subatômicas. Elas comprovam, de forma insofismável, que existe uma coesão indissolúvel entre as partes e o Todo.

A teoria da relatividade de Einstein e a teoria quântica formulada por um grupo entre os quais Max Planck, Einstein, Niels Bohr e outros, trouxe uma inversão dentro do pensamento ocidental.

Essa mudança de conceitos dentro da física está levando o pensamento científico a ultrapassar a etapa mecanicista de Descartes e Newton, gerando uma visão mais globalizada do Universo.

Ao mesmo tempo, começa a haver uma preocupação maior com o crescimento e o desenvolvimento dos valores internos do homem.

No templo de Delfos, antiga cidade da Grécia, quando Sócrates estava em seu apogeu, lia-se a seguinte inscrição: "Homem, conhece-te a ti mesmo e conhecerás o Universo e os deuses".

O homem, como vimos nos capítulos precedentes, não é só um ser físico com capacidade emocional e mental como a medicina atual ainda o considera, mas possui um princípio superior do qual ele provém e que permanece intacto no âmago de seu ser. Para readquirir o equilíbrio cósmico é necessário que ele reencontre essa partícula da Divindade que habita dentro dele.

A filosofia de Santo Agostinho expressa bem esse pensamento. Podemos sintetizar: O homem provém de Deus e a sua vida sobre a face da Terra é uma peregrinação em direção a Deus.

A chave para esse reencontro é a interiorização.

Algumas linhas da Psicologia moderna estão vislumbrando esta saída e estão preconizando a meditação como caminho para a introspeção. Entre outras, essa é uma das razões pelas quais a filosofia oriental começa a ser prestigiada pelos grandes pensadores do Ocidente, por aqueles que perceberam que ela vem complementar aquilo que o pensamento ocidental já alcançou em termos de conceituação do Universo. Não se trata, portanto, de uma volta ao passado, mas trata, sim, da somatória das experiências construtivas desenvolvidas pelo homem através dos tempos.

Um eficaz método de meditação é o da Yoga de Patanjali, sábio hindu, que o formulou mais de seiscentos anos antes de Cristo, e que passaremos a analisar de forma sucinta. Quando penetramos a profundidade de seu contexto, percebemos claramente que ele se constitui em um método prático e científico.

A palavra Yoga é de origem sânscrita e significa, literalmente, *União*.

Sua prática tem por finalidade unir a personalidade, o aspecto consciente, à parte transcendente.

Para se obter essa união, o método apresenta vários exercícios organizados em uma seqüência conhecida como os "Oito Passos da Yoga". Ao executá-los, o indivíduo passa a adquirir uma profunda percepção de seus estados interiores.

A divisão que vamos fazer a seguir tem finalidade exclusivamente didática. Todas as etapas formam um conjunto indissolúvel que deverá ser trabalhado de maneira simultânea para que se alcance um perfeito equilíbrio, uma perfeita harmonia interna. As práticas da Yoga se distinguem por quatro aspectos principais:

1. Aspecto moral:

O suporte é o aspecto moral. Sem a ética poderemos procurar percorrer o caminho, mas jamais nos depararemos com o verdadeiro objetivo da Yoga. O aspecto moral tem duas abordagens: *Yamas* e *Niyamas*.

• A palavra Yama, dentro da mitologia oriental, é o nome dado à deusa que preside o mundo dos mortos, significando que o candidato à iniciação deveria provocar a morte de todos os seus aspectos negativos, de tudo quanto for contrário à Lei da Evolução. Os Yamas são em número de cinco:

a) *Ahimsa* – Não fazer mal a qualquer ser vivente, nem a nós próprios, prejudicando, de alguma maneira, nossa saúde física, como por exemplo, através do uso do fumo, dos tóxicos, da má alimentação etc. Envolve também a "não violência". Ter sabedoria para reclamar direitos sem promover agressividade. Foi praticando Ahimsa que Gandhi libertou a Índia.

b) *Satya* – Não roubar. Respeitar integralmente, rigorosamente, a propriedade alheia.

c) *Asteyam* – Não mentir. Cuidar para não ultrapassar os limites da verdade, em hipótese alguma.

d) *Brahmacharya* - Respeitar o sexo. Conservar a pureza de sua finalidade que é a da procriação e a da expressão do verdadeiro e sincero amor.

e) *Aparigraha* – Não apegar-se às coisas perecíveis do mundo, considerando-as como finalidade da vida, mas apenas como instrumentos para se trabalhar a evolução interna.

• *Niyamas* são os aspectos que devem ser cultivados pelo discípulo e são, também, em número de cinco:

a) *Sadhana* – Significa Pureza, que o candidato deve buscar em todos os níveis:

• físico, mantendo um cuidado externo, pelo asseio e, interno, pela alimentação sadia, sem ingestão de qualquer coisa que prejudique a saúde;

• emocional, mantendo sentimentos puros e evitando o ódio, a inveja, o ciúme, o orgulho, o amor próprio, a ambição etc.;

• mental, mantendo pensamentos construtivos.

b) *Santosa* – Significa Alegria. Cultivo permanente do pensamento positivo, do otimismo, até nas situações difíceis.

c) *Saucham* – Significa Serenidade. Manter a calma e o autocontrole, sem nunca se irritar ou desanimar.

d) *Svadhyaya* – Busca permanente da Sabedoria Universal.

e) *Iswara Pranidhana* – Integração na Vida Universal.

Observação: Naturalmente, a amplitude destes pontos é praticamente infinita. Cada item está apresentado em tese, como tema para meditação a fim de que se possam detectar suas nuanças mais sutis.

2. Aspecto físico:

Tem duas abordagens: *Pranayama* e *Asanas*.

• *Pranayama* – Absorção das energias através de exercícios respiratórios, com o objetivo de dominá-las. São elas que animam nosso corpo e que concorrem diretamente para a boa intercomunicação entre nossos componentes físico, emocional, mental e espiritual.

• *Asanas* – São posturas corporais que promovem a justaposição dos centros energéticos do corpo, de maneira a direcionar o circuito das energias e só devem ser praticadas sob a supervisão de alguém que conheça a técnica e tenha capacidade de acompanhar a movimentação das energias. Essas energias acabam de ser reconhecidas pela ciência, sendo que a acupuntura, matéria que trata deste assunto, já está implantada nas Faculdades de Medicina.

3. Aspecto mental:

Tem duas abordagens: *Pratyahara* e *Dharana*.

• *Pratyahara* – De tal maneira serenar a matéria mental, que seja possível um desligamento dos sentidos. Não é uma fase fácil; exige treino e paciência mas, aos poucos, vai se adquirindo o domínio mental.

• *Dharana* – É a fase da concentração. Adquirir a capacidade de fixar a mente em apenas um objeto.

4. Aspecto espiritual:

Tem duas abordagens: *Dhyana* e *Samadhi*.

• *Dhyana* – É o estado de profunda meditação e, nele, o praticante vê surgir em sua mente toda a riqueza de dados sobre o objeto ou o tema de meditação. É a plenitude da intuição.

• *Samadhi* – É a integração no objeto da meditação. É tornar-se aquilo que se busca, e conhecer a universalidade das coisas. É o reencontro do transcendente.

A grande LUZ que o homem vem buscando através dos tempos, empregando artifícios físicos, emocionais e mentais externos, está tão próxima de nós que não a vemos. À medida que formos conseguindo o equilíbrio de nossa vida moral e psíquica, mais e mais iremos nos aproximando do final do túnel, e a grande LUZ, que está dentro de nós mesmos, irá se desvelando progressivamente até refulgir em todo o seu esplendor Divino.

Quando isto acontecer, teremos dado início a uma nova civilização, porque esta não depende da direção de um pequeno grupo de pessoas que ocupam cargos governamentais e que "deveriam" estar plenamente conscientes das necessidades do país, bem como ser perfeitamente responsáveis na execução dos planos de ação, mas depende da soma de indivíduos que sejam capazes de reger, com autonomia, sua própria LIBERDADE.

ADENDO HISTÓRICO E NOTAS DE RODAPÉ

1. **Livros da filosofia Oriental** – As obras consideradas como as mais antigas do mundo são de origem judaica e hindu. Segundo alguns, a obra denominada *Siphra Dtzeniouta*, que constitui a primeira parte do *Sepher Ha Zohar*, da tradição judaica, seria a mais velha. Segundo outros, seriam as Estâncias de Dzyan de origem hindu, escrito em senzar, língua sacerdotal da região do Tibete. Para enumerar apenas alguns registros antigos, temos:

- A Cabala hebraica ou judaica com todos os seus compêndios.

- Entre os hindus, o *Manava Dharma Shastra*, os *Vedas* com todos os seus aspectos. Na *História da Filosofia* de H. Padovani e L. Castagnola, p. 13, lemos: "O culto mais antigo dos árias da Índia é a religião védica, assim denominada por causa dos livros sagrados em que está contida – os Vedas – livros que cobriram composições entre 2.000 a.C. e 1.000 d.C." Os árias são descendentes das populações da bacia oriental do Mediterrâneo e que invadiram o norte da Índia no início da civilização atual.

Entre os egípcios, o *Livro das Esmeraldas* de Hermés, o Trismegisto, com as lâminas do Tarô. No livro de Helena Petrovna Blavatsky – (1831 a 1891), *Isis Unveiled*, V. II, p. 34 lemos: "Amônio Sacas, falando de sua filosofia, ensinava que sua escola datava dos dias de Hermés, que trouxera sua sabedoria da Índia". Amônio Sacas morreu em Alexandria no ano 242 d.C. e foi o fundador da escola neoplatônica. O Hermés a que se refere é Hermés, o Trismegisto, grande sábio que viveu nos primórdios da civilização egípcia.

Entre os chineses, Fo-Hi com a lei do Yin-Yang.

Lao-Tsé com o *Tao Te Ching*. Confúcio deixou quatro livros.

2. **Anaxágoras** (500-428 a.C.) – Natural da Jônia, na Grécia. Foi o introdutor da filosofia em Atenas. Primeiro pensador a admitir o espírito como força capaz de explicar a vida. O espírito seria uma substância a mais que entraria na composição dos seres vivos. Afirmava que tudo é infinitamente divisível. Cada partícula de matéria possui uma fração de todas as coisas, mas se exterioriza apenas com aquilo que contém em maior proporção. Por exemplo, tudo tem em si um pouco de fogo, mas somente podemos chamar fogo aquilo em que este elemento predomina. No seu pensamento não se acha presente a preocupação pela ética e pela religiosidade. Foi amigo de Péricles e, quando começaram as perseguições contra Péricles, ele passou a ser visado porque não praticava religião. Fugiu de Atenas e voltou para a Jônia, onde fundou uma escola de filosofia.

2a. **Aristóteles** (384-322 a.C.) – Nascido em Estagira na Macedônia, fixou-se em Atenas, onde, por 20 anos, foi discípulo de Platão. Filósofo, escreveu sobre lógica, moral, ciência, política, biologia, crítica literária, psicologia e metafísica. Foi, durante sete anos, preceptor de Alexandre, filho de Filipe, rei da Macedônia. Quando volta a Atenas funda a escola do Liceu. Como ensinava caminhando, a escola recebeu também o nome de Peripatética, do grego *peripatos* que significa "passeio". "Após a morte de Alexandre, a fim de escapar às perseguições, foge para Eubéia, onde morre". Como Sócrates e Platão, procurou a essência das coisas, mas, ao mesmo tempo, observava a realidade objetiva, dando início à ciência. Renan afirma que Sócrates deu a filosofia, Aristóteles a ciência e Galileu foi quem introduziu o método científico propriamente dito. Para evitar desregramentos lógicos e o subjetivismo, Aristóteles criou as regras do silogismo que constam de três proposições, sendo a terceira a conclusão. Exemplo: O homem é um animal racional – Sócrates é homem – logo, é animal racional. Sua metafísica funde a física numa teologia, numa teoria de Deus como motor do universo, como ato puro. Ele parece hesitar entre a teoria de um Deus transcendente, "pensamento do pensamento", e a de um Deus imanente, "vivente eterno perfeito".

2b. Zenão (320-250 a.C.) – Fundou a escola filosófica do estoicismo. Buscam a felicidade suprema, procurando viver em harmonia com a natureza, aceitando todas as leis. O Universo está impregnado de Deus e forma com ele um único ser – eram panteístas. A virtude leva o homem a participar dessa vida universal divina que segue uma inexorável evolução. De acordo com esta marcha e o acontecer necessário das coisas o homem deve aceitar todos os acontecimentos de sua vida. A ordem divina do universo exige uma vida racional e a condenação das paixões. O verdadeiro sábio, para identificar-se com o Logos, que é razão ou sabedoria, deve gozar de uma impassibilidade absoluta. Deve suportar, impávido, a adversidade. A virtude estóica é uma força ativa e deliberada que não deixa que a razão ceda lugar às paixões. A paz, a independência, a beatitude perfeita estão na indiferença absoluta por todos os prazeres e por todas as dores. A moral estóica é o sistema ético mais elevado do paganismo. Pregavam a fraternidade universal.

2c. **Plotino** (205 – 270 d.C.) – Principal representante do neoplatonismo que, em suma, é uma síntese de toda a filosofia grega.

2d. **Gnósticos** – Adeptos de uma filosofia que misturava conceitos judaico –cristãos com a filosofia grega. Aceitavam que o Universo emanava de Deus. Foram todos condenados pela Igreja como hereges.

4. **Efeito Kirlian** – Descoberto por acaso em 1939, por um eletrotécnico russo. É a forma de fotografar, ou determinar as irradiações luminescentes que todos os corpos vivos emitem e que são invisíveis ao olho comum. É um processo ótico ou fotográfico que mostra um mundo até então invisível de irradiações, chamas caprichosas, finas, coloridas, brilhantes que emergem de todos os corpos animados e inanimados quando submetidos à ação de um campo elétrico de alta freqüência e elevada tensão. No exercício de sua função, que era a de efetuar reparos nas instalações eletrônicas, encontrava-se no instituto de pesquisas médicas da cidade de Krasnodar, sul da Rússia. Enquanto esperava, observou um paciente que estava sendo submetido a tratamento de eletroterapia de alta freqüência. Foi quando percebeu que, do espaço

entre o eletrodo e a pele do paciente, partiam belas irradiações luminosas. Construiu um aparelho – usou uma chapa fotográfica entre seu dedo e os eletrodos de metal, no campo de alta freqüência, mas logo teve de parar com as experiências porque veio a guerra. Só lá por 1960 continuou e passou a publicar os resultados.

5. **Biopsicoenergética** – É a ciência que se ocupa do estudo das energias biopsicológicas procurando conhecer a sua natureza, sua procedência e os efeitos que produzem, bem como sua inter-relação com todo outro tipo de energias, sejam naturais ou geradas. Energias naturais são radiações solares, astrais, lunares, energia vegetal, mineral etc. Energias geradas são as mecânicas, acústicas, elétricas, magnéticas, energias químicas, radiações nucleares etc. Busca investigar as causas funcionais que fundamentam a interação entre a energética humana e todas as energias externas. Relativamente ao ser humano, segundo Lívio Vinardi, a Biopsicoenergética o considera como uma unidade biológica, psíquica, energética e espiritual, e o enlaça com a natureza e o cosmos.

7. **Sistema nervoso** – Segundo Lívio Vinardi: "O sistema nervoso transporta correntes elétricas em forma de ondas ou impulsos de formas e freqüências muito variadas. Trata-se de um complicado conjunto de circuitos bioelétricos e cibernéticos através dos quais se transmitem as ordens voluntárias de ações e movimentos, recebem-se percepções externas e produzem-se os comandos de certas funções automáticas como movimento do coração, pulmões, peristálticos etc. O potencial elétrico é de 0,1 volt, sendo que uma pilha pequena tem 1,5 volt. Baseando-se nas leis físicas comuns, o organismo vivo possui um campo eletromagnético que se constitui no corpo etérico do homem, e o meio de manifestação desse campo é o éter. Essas energias se organizam em vórtices que se constituem nos chacras.

8. **Parapsicologia** – Ramo da psicologia que estuda as experiências que parecem transcender as leis da natureza.

Joseph B. Rhine (1895-1980), professor da Duke University nos Estados Unidos, foi pedra angular desse campo de pesquisas. Empregou o método estatístico e foi quem deu o nome de parapsicologia. De uma maneira geral, os fenômenos se classificam:

Psi – ligeiras percepções extra-sensoriais;

Psi-gama – fenômenos subjetivos como clarividência, premonição, clariaudiência, mediunidade, psicometria etc;

Psi-kappa – fenômenos objetivos como levitação, telecinesia.

Os resultados têm sido confirmados por quantidade expressiva de estatísticas, o que empresta à Parapsicolgia um caráter científico, mas a ciência não tem elementos para explicar os fenômenos.

12. **Arquétipo** – Seriam disposições inerentes à estrutura do sistema nervoso que conduziriam à produção de representações sempre análogas ou similares, de natureza coletiva. Do mesmo modo que existem pulsões herdadas para agir de modo sempre idêntico, que envolvem os instintos, existiriam também tendências herdadas a construir determinadas representações que aparecem de forma análoga ou semelhante nas várias tradições, nas mitologias, nos folclores, nos mitos. A esse fenômeno de se defrontar com tais fatores do inconsciente de forma vivencial, experimentando sentimento de mistério e de profunda e inesquecível impressão, a Psicologia dá o nome de "estado numinoso". O homem procura objetivar essas experiências através de imagens, como deuses, demônios, espíritos etc.

15. **Santo Agostinho** (354-430) – Nascido em Tagaste, na Numídia, região ao noroeste da África. Seu pai era pagão e sua mãe cristã. Em criança, foi catecúmeno sem batismo. Estudou em Cartago. Antes de 20 anos foi pai de um menino que se chamou Adeodato. Tentou ser professor em Roma, sem sucesso. Em 384 vai a Milão onde se encontra com Santo Ambrósio e, sob sua orientação, estuda a doutrina dos filósofos neoplatônicos. Em 387, convertido, é batizado por Ambrósio e volta à África. Em 396 é nomeado bispo de Hipona,

quando essa cidade africana se tornou cidade romana e nesse cargo permanece até a sua morte, em 430.

16. **Baruch Spinoza** – Parte do conceito cartesiano de Substância Absoluta e Alma espiritual, mas une matéria e espírito, considerando-os como dois atributos da única Substância Divina. Elabora, assim, uma concepção monista, panteísta, pois tudo o que existe é um desdobramento dessa Substância que, em última análise é Deus. Esse desdobramento resulta em um número infinito de atributos infinitos, tais como o pensamento e a extensão e em certo número de estados temporais e finitos, tais como os corpos humanos e todas as formas objetivas que observamos.

BIBLIOGRAFIA

A chave dos grandes mistérios – Eliphas Levi.
A Mônada – C. W. Leadbeater
A chave da Teosofia – Helena P. Blavatsky.
A Doutrina Oculta – Helena P. Blavatsky.
A Evolução da Física – Einstein.
A Sabedoria Eterna – Helena P. Blavatsky.
A Sabedoria Tradicional – Helena P. Blavatsky.
A Study in Consciousness – Annie Besant.
A voz do silêncio – Helena P. Blavatsky.
An Introduction to Yoga – Annie Besant.
As fronteiras da regressão – Pierre Weil.
As origens da Cabala – Eliphas Levi.
Ciência Hindu - Yoga da respiração – Yogue Ramasharaca.
Collected Writings – Helena P. Blavatsky.
Death and After – Annie Besant.
Dogma e Ritual da Alta Magia – Eliphas Levi.
El Hombre – Annie Besant e C. W. Leadbeater.
El Kybalion – filosofia Hermética – os três Iniciados.
El Libro que Mata a la Muerte – Mário Roso de Luna.
História da Filosofia – H. Padovani e L. Castagnola.
Isis Unveilled – Helena P. Blavatsky.
Jnana Yoga - Yoga da Sabedoria – Yogue Ramasharaca.
Karma – Annie Besant.
Man and his Bodies – Annie Besant.
Notas sobre o Bhagavad Gita – Subba Row.
O Caminho Secreto – Paul Brunton.
O ponto de mutação – Fritjof Capra.
O que há além da morte – C. W. Leadbeater.
O Tao da Física – Fritjof Capra.
Os grandes iniciados – Edouard Schuré.
Quatro Yogas de Auto-Realização – Swami Vivakananda.
Raja-Yoga – lições sobre o desenvolvimento mental – Yogue Ramasharaca.
Reincarnation – Annie Besant.
Study in Karma – Annie Besant.
The Secret Doctrine – Helena Petrovna Blavatsky.
The Seven Principles of Man – Annie Besant.
Tratado sobre los Siete Rayos – Alice Bailey.
Where Theosophy and Science meet – Edited by D. D. Kang.
Yoga, Ciência da Vida Espiritual – Annie Besant.
14 lições de filosofia Yogue – Yogue Ramasharaca.